Nietzsche et la guerre

Nietzsche et la guerre

Collection

Basée sur les travaux de :

Henri Lichtenberger
Louis Bertrand.
Charles Andler

Editions Le Mono

ISBN : 978-2-36659-430-0
EAN : 9782366594300

« Au désavantage de la guerre on peut dire : elle rend le vainqueur brute, le vaincu méchant. En faveur de la guerre : elle introduit la barbarie dans les deux conséquences susdites, et par là ramène à la nature : elle est pour la civilisation un sommeil ou un hivernage, l'homme en sort plus fort pour le bien et pour le mal. »

– (Nietzsche, dans *Humain, trop humain.*)

Partie I

La vie et l'émancipation intellectuelle de Nietzsche [1]

Frédéric Nietzsche est né le 15 octobre 1844 à Rocken, près de Lützen d'un père pasteur appartenant à la petite bourgeoisie. C'est ce qui explique peut-être la violence outrée avec laquelle il s'attaque au christianisme et à l'étroitesse de la morale bourgeoise : douloureux effort pour s'affranchir de l'atmosphère qui avait enveloppée son enfance. Il devint orphelin dès l'âge de cinq ans et émigra en 1850 avec sa famille à Naumburg où il fit ses premières études.

À l'âge de quatorze ans (octobre 1858), il entra comme interne à Schulpforta, une ancienne et célèbre école où nombre de littérateurs et savants illustres comme Klopstock, Fichte, Schlegel, Ranke avaient fait leurs études. Six ans après (septembre 1864) il la quittait avec le certificat de maturité, et commençait ses études universitaires.

Le choix d'une carrière avait été assez difficile pour lui, car ses goûts de culture universelle

---

[1] Basé sur les travaux de : Henri Lichtenberger dans *La Philosophie de Nietzsche* ; Charles Andler dans *Nietzsche, sa vie et sa pensée.*

l'éloignaient de toute espèce de métier et de spécialité. Après avoir hésité un instant à se faire musicien, il se décida enfin à étudier la philologie classique.

Il passa deux semestres à l'université de Bonn (1864-65), puis quatre semestres à celle de Leipzig (1865-67), où il travailla principalement la philologie grecque et devint l'un des élèves préférés de Ritschl, le premier philologue de l'Allemagne à ce moment. Il accomplit ensuite son service militaire, interrompu au bout de peu de temps par un accident de cheval qui nécessita des soins prolongés ; après quoi il retourna à Leipzig pour y préparer une thèse de doctorat. Peu de temps après, avant même d'avoir passé son doctorat, il était nommé, au mois de février 1869, professeur à l'université de Bâle ; la faculté de Leipzig lui décerna sans examen le titre de docteur.

Pendant dix ans, Nietzsche mena la vie paisible, mais absorbante de professeur d'université, faisant ses cours à la faculté aussi régulièrement que le lui permettait sa santé toujours plus chancelante, professant en outre le grec dans la classe supérieure du *Pädagogium* de Bâle (un établissement intermédiaire entre les gymnases et les universités). Pendant l'année scolaire, il vivait assez retiré, entouré cependant de la considération générale, ne sortant guère d'un petit cercle d'amis intimes parmi lesquels il faut citer au premier rang l'historien de l'art bien connu, Jacob Burckhardt ; en outre, il allait très fréquemment voir Richard Wagner et sa femme, Mme Cosima Wagner, dans leur ermitage de Tribschen près de Lucerne, où il était reçu en ami de la maison et où il fit de 1869 à 1872 (époque où les Wagner émigrèrent à Bayreuth) vingt-trois visites ou séjours. Pendant les vacances de Pâques, de Pentecôte ou d'été, il voyageait généralement dans l'Oberland, sur les bords du lac de Genève ou des lacs d'Italie.

Le seul fait important de cette tranquille existence fut la guerre de 1870, à laquelle Nietzsche prit part comme ambulancier volontaire ; mais sa constitution ne résista pas à cette terrible épreuve et au bout de très peu de temps il dut rentrer à la maison gravement malade. Si l'on met à part ce douloureux intermède, les grands événements de la vie de Nietzsche sont ses travaux littéraires et philosophiques, qui se rapportent à deux sujets principaux : l'étude de l'antiquité grecque d'une part, la critique de la civilisation moderne de l'autre. Sa première grande œuvre, *la Naissance de la tragédie* (1872) qui eut un retentissement assez considérable et suscita une très vive polémique de presse, traitait surtout du problème de l'hellénisme et esquissait une sorte de philosophie générale de la culture grecque. Ses œuvres suivantes, les

Considérations inactuelles, sont consacrées à l'étude de questions contemporaines. Les deux premières, *David Strauss* (1873) et *Utilité et dangers de l'histoire pour la vie* (1874), sont des attaques hardies dirigées contre la civilisation allemande contemporaine et contre l'exagération de la culture historique. Dans les deux dernières, *Schopenhauer éducateur* (1874) et *Richard Wagner à Bayreuth* (1876) Nietzsche trace le portrait des deux génies qui lui paraissent dignes d'être les maîtres de la jeune génération et capables de la guider vers un idéal supérieur à celui dans lequel se complaît le « philistin » moderne.

L'année 1876, cependant, apporte dans la vie extérieure de Nietzsche comme dans sa vie intérieure de graves changements. Le grand événement de sa vie intérieure est, a cette époque, la rupture de son intimité avec Wagner, à laquelle les fêtes de Bayreuth (août 1876) portèrent un coup mortel ; — nous étudierons plus loin en détail les causes de cette brouille qui fut un des plus profonds chagrins de la vie de Nietzsche. — Vers la même époque, l'état de sa santé, déjà gravement compromise par des crises violentes qui s'étaient déclarées au début de 1875 et de 1876, l'oblige à prendre un congé d'une année qu'il passe soit en Italie, soit à Sorrente (jusqu'en mai 1877), soit dans les montagnes de la Suisse.

Après ce repos, il essaie de reprendre ses occupations malgré des accès sans cesse renouvelés de sa maladie ; il recommence ses cours ; il publie en 1878 *Choses humaines, par trop humaines*, et l'année d'après *Sentences et opinions variées* et *Le voyageur et son ombre*. Mais sa santé était trop profondément ébranlée pour qu'il pût continuer d'une manière régulière son métier de professeur et, surtout, trouver la force nécessaire pour se livrer à ses travaux personnels, tout en s'acquittant en conscience de ses obligations professionnelles.

À la fin de l'année 1877, déjà, il avait été, sur sa demande, déchargé de ses fonctions au *Pädagogium* ; au printemps de 1879 il renonça également à ses fonctions de professeur à l'université. Une vie nouvelle s'ouvrait pour lui, incertaine et précaire, douloureuse et fragile, surtout profondément solitaire, mais une vie libre et indépendante où il pouvait consacrer tous les instants de répit que lui laissait la mort à l'achèvement de sa grande œuvre philosophique.

En 1889, il tombe gravement malade, est ramené à la maison de santé de Iéna à Turin. Il quitte cette maison au bout d'une année pour chercher guérison dans un établissement d'hydrothérapie. Il meurt le 25 août 1900 à Weimar en Allemagne.

Partie II
Nietzsche et la guerre[2]

En face de la Baie des Anges, « sous le ciel alcyonien de Nice, » comme il disait, Nietzsche écrivait, en 1886, dans la préface d'un de ses livres : « Qu'il puisse, un jour, y avoir des esprits libres de ce genre (les surhommes) ; que notre Europe *aura* parmi ses fils de demain et d'après-demain de pareils joyeux et hardis compagnons, corporels et palpables, et non pas seulement, comme dans mon cas, à titre de schémas et d'ombres, jouant pour un anachorète, c'est ce dont je serais le dernier à douter. Je les vois dès à présent venir lentement, lentement, et peut-être fais-je quelque chose pour hâter leur venue, quand je décris d'avance sous quels auspices je les vois naître, par quels chemins je les vois arriver. »

Or ces joyeux et hardis compagnons, qui doivent, par leur venue, bouleverser le monde, à quels signes les reconnaîtrons-nous ?

À des signes infaillibles, dit Nietzsche, les signes auxquels se reconnaissent toutes les aristocraties, qu'on trouve dans celles du passé et qu'on retrouvera certainement dans celles de l'avenir :

---

[2] Par Louis Bertrand.

« Ces hommes, qui, *inter pares*, sont tenus si sévèrement dans les bornes par la coutume, le respect, l'usage, plus encore par une surveillance réciproque et la jalousie, qui, même dans leurs rapports entre eux, sont si inventifs en égards, en domination de soi, en fierté, délicatesse, amitié, — ces mêmes hommes se montrent au dehors, là où l'étranger commence, pas beaucoup meilleurs que les bêtes fauves déchaînées. Ils jouissent alors d'être libérés de toute contrainte sociale, ils se dédommagent dans les pays incultes (sans *kultur*) de la tension d'un long internement, d'une longue contrainte dans la paix de la communauté. Alors ce ne sont que meurtres, incendies, viols joyeux. La superbe bête de proie blonde reparaît, qu'elle soit romaine, arabe, germanique ou japonaise, homérique ou scandinave. »

Eh ! bien, mais il me semble que la voici, cette « superbe bête de proie blonde ! » Ils viennent de nous faire visite, ces gais et hardis compagnons que le farouche professeur saxon, le philologue moustachu de l'université de Bâle, avant d'être enfermé au cabanon des fous, saluait comme ses enfants chéris. Tous les signes précurseurs de leur avènement se sont réalisés à la lettre. Rien n'y manque, ni les incendies, ni les assassinats, ni les joyeuses luxures. Le monde soulevé d'horreur et de dégoût les a vus opérer en Belgique et dans le Nord de la France, à Louvain, à Malines et à Reims. Les ruines fument encore, les cadavres mal enterrés empestent les plaines…

Et nous nous étonnons d'un si complet retour à la barbarie, nous n'en sommes pas encore tout à fait revenus. Ce n'est pourtant point faute d'avoir été avertis. Voilà bientôt trente ans que ces sinistres visiteurs nous furent prédits par un ennemi sournois, qui nous aimait à sa manière. Et ses prédictions ne s'enveloppaient point, à leur ordinaire, dans les phrases apocalyptiques d'un *Zarathoustra*. Elles avaient, comme on en peut juger par les lignes précédentes, la limpidité et le son franc du cristal.

*

En réalité, l'œuvre entière de Nietzsche est dominée par le fait capital de la guerre de 1870, et elle s'explique, d'un bout à l'autre, par l'ébranlement nerveux que la vue immédiate de la guerre produisit en cette sensibilité maladive.

Car Nietzsche fut malade presque toute sa vie, mais un malade de constitution robuste, qui lutte désespérément contre son mal et qui ne veut pas s'avouer vaincu par lui. C'est en qualité d'ambulancier qu'il suivit les débuts de la campagne. Il assista peut-être aux combats qui se livraient sous Metz. En tout cas, il parcourut les champs de bataille de Lorraine et ce court passage au milieu des armées victorieuses de son pays, ce rapide contact avec la force brutale suffit pour le griser. Jusqu'à son dernier souffle, il fut ivre de cette mauvaise ivresse. L'homme de plume, par on ne sait quelle perversion, s'éprit de l'homme de sabre. Le civilisé devint l'admirateur éperdu de la brute. Le cachectique célébra la santé débordante du gaillard joyeux, qui écrase tout autour de lui. Mais, comme il était aussi un professeur, et un professeur allemand, il fallait que son pédantisme trouvât son compte dans ses enthousiasmes guerriers. Il fallait que la barbarie savante qu'il chantait, lui apparût, — suivant son expression, — comme « renouvelée des Grecs. » L'ivresse destructrice des armées allemandes devint pour lui l'ivresse dionysiaque, la folie orgiastique du dithyrambe, qui fut la première forme de la tragédie grecque. La guerre de 1870 devint, dans son imagination, une autre guerre médique, d'où le peuple allemand allait sortir régénéré, prêt à créer, comme l'Athènes du ve siècle, une science et une civilisation nouvelles.

Assez longtemps, il tourna autour de son idée, avant de lui trouver sa formule définitive, commençant par glorifier l'État, tel que l'avait conçu Hegel, attaquant ceux qui l'affaiblissent, en affaiblissant l'instinct monarchique des peuples : « Ils l'affaiblissent en effet, dit Nietzsche, en propageant l'idée libérale et optimiste du monde, qui a ses racines dans les doctrines du rationalisme français et de la Révolution, c'est-à-dire dans une philosophie tout à fait étrangère à l'esprit germanique, une platitude romane dépourvue de sens métaphysique... Pour éviter que l'esprit de spéculation n'abâtardisse ainsi l'esprit d'État, il n'est qu'un moyen, c'est la guerre et encore la guerre !... On ne trouvera donc pas mauvais que je chante ici le péan de la guerre. La résonnance de son arc d'argent est terrible. Elle vient à nous sombre comme la nuit. Pourtant Apollon l'accompagne, Apollon guide légitime des États, Dieu qui les purifie... Oui, disons-le : la guerre est nécessaire à l'État, comme l'esclave à la société. »

Mais tout cela n'était encore que le prélude. Enfin, dans *Ainsi parlait Zarathoustra*, Nietzsche, qui s'est entraîné par ailleurs au cynisme intellectuel, entonne le chant triomphal de la Brutalité prussienne. Malgré ses bizarreries voulues, ses ruses et ses réticences, ce livre est le plus sincère qu'il ait écrit, le plus dionysien et le plus nietzschéen. Il est sorti non seulement de sa tête, mais de son cœur et de ses entrailles, et des entrailles de sa race. Jamais « la superbe bête de proie blonde » ne s'était confessée avec plus d'audace et d'impudeur.

Écoutons le péan barbare :

« Vous devez chercher votre ennemi et faire votre guerre, une guerre pour vos pensées ! Et si votre pensée succombe, votre loyauté doit néanmoins crier victoire.

Vous devez aimer la paix comme un moyen de guerres. Et la courte paix plus que la longue.

Je ne vous conseille pas le travail, mais la lutte. Je ne vous conseille pas la paix, mais la victoire. Que votre travail soit une lutte, que votre paix soit une victoire !...

Vous dites que c'est la bonne cause qui sanctifie même la guerre ? Je vous dis : c'est la bonne guerre qui sanctifie toutes choses.

La guerre et le courage ont fait plus de grandes choses que l'amour du prochain. Ce n'est pas votre pitié, mais votre bravoure qui sauva jusqu'à présent les victimes.

Qu'est-ce qui est bien ? demandez-vous. Être brave, voilà qui est bien. Laissez dire aux petites filles : « Bien, c'est ce qui est en même temps joli et touchant. »

On nous appelle sans cœurs. Mais votre cœur est vrai et j'aime la pudeur de votre cordialité...

Vous êtes laids ? Eh bien ! mes frères, enveloppez- vous du sublime, qui est le manteau de la laideur...

La révolte, c'est la noblesse de l'esclave. Que votre noblesse soit l'obéissance. Que votre commandement lui-même soit de l'obéissance !

Un bon guerrier préfère « tu dois » à « je veux. » Et vous devez vous faire commander tout ce que vous aimez.

Que votre amour de la vie soit l'amour de vos plus hautes espérances et que votre plus haute espérance soit la plus haute pensée de la vie...

Ainsi vivez d'obéissance et de guerre ! Qu'importe la vie longue ! Quel guerrier veut être épargné !

Je ne vous ménage point, je vous aime du fond du cœur, mes frères en la guerre !

Ainsi parlait Zarathoustra. »

Aujourd'hui, ces aphorismes du philologue sonnent à nos oreilles comme le programme même de l'empire et du militarisme allemands : obéissance passive, culte de la force et de la guerre, croyance que la force se confond avec le droit, impudence et mégalomanie, gaspillage des énergies et mépris de la vie humaine. À travers les couplets de l'hymne féroce, on entend monter en sourdine le *Deutschland über alles* et, à la fin du morceau, il semble que, derrière les grosses moustaches de Nietzsche, on voie pointer les moustaches en croc du Kaiser haranguant ses troupes, avant de les jeter à la boucherie : « *Je ne vous ménage point, je vous aime du fond du cœur, bons soldats de ma garde !...* »

Et comme on comprend que, transportés par cette « saga » moderne-style, par cet appel direct au *furor teutonicus*, les descendants des hordes scandinaves répondent au chef, en entonnant ce bardit :

« Ô Zarathoustra, à ces paroles, le sang de nos pères s'est retourné dans nos corps : cela a été comme les paroles du printemps à de vieux tonneaux de vin.

Quand les glaives se croisaient, semblables à des serpents tachetés de rouge, alors nos pères se sentaient portés vers la vie...

Comme ils soupiraient, nos pères, lorsqu'ils voyaient au mur des glaives polis et desséchés ! Semblables à ces glaives, ils avaient soif de la guerre.

Car un glaive veut boire du sang, un glaive scintille de désir. »

*

Quelque naïf dira peut-être que tout cela n'est que métaphores et que nous nous laissons duper par les mots ; que la guerre dont il s'agit ici, c'est la guerre éternelle contre l'erreur, la guerre de la pensée, et qu'enfin le guerrier célébré par Nietzsche, c'est le paladin symbolique de la connaissance.

Mais toute son œuvre proteste contre cette interprétation superficielle. D'ailleurs lui-même, quittant le mode sibyllin, a expressément déclaré qu'après 1870, l'Europe est entrée dans la période de la grande 'politique, — la politique mondiale, — et que Napoléon a décidément inauguré l'ère de la « grande guerre, » dont la guerre franco-allemande n'est qu'un épisode : « C'est à Napoléon (et nullement à la Révolution française qui cherchait la fraternité entre les peuples et les universelles effusions fleuries), que nous devons de pouvoir pressentir maintenant une suite de quelques siècles guerriers, qui n'aura pas son égal dans l'histoire, en un mot d'être entrés dans l'*âge classique de la guerre*, de la guerre scientifique et en même temps populaire, de la guerre faite en grand (de par les moyens, les talents et la discipline qui y seront employés). Tous les siècles à venir jetteront sur cet âge de perfection un regard plein d'envie et de respect ; — car le mouvement national d'où sortira cette gloire guerrière n'est que le contre-coup de l'effort de Napoléon et n'existerait pas sans Napoléon. C'est donc à lui que reviendra un jour l'honneur d'avoir refait un monde, dans lequel l'homme, le guerrier, l'emportera une fois de plus sur le commerçant et le « philistin ; » peut-être même sur « la femme » cajolée par le christianisme et l'esprit enthousiaste du XVIIIe siècle, plus encore par les « idées modernes. » Napoléon, qui voyait dans les idées modernes et, en général, dans la civilisation, quelque chose comme un ennemi personnel, a prouvé par cette hostilité qu'il était un des principaux continuateurs de la Renaissance. Il a remis en lumière toute une face du monde antique, peut-être la plus définitive, la face de granit. Et qui sait si, grâce à elle, l'héroïsme antique ne finira pas quelque jour par triompher du mouvement national, s'il ne se fera pas nécessairement l'héritier et le continuateur de Napoléon : — de Napoléon, qui voulait, comme on sait, l'Europe Unie, pour qu'elle fût la *maîtresse du monde.* »

Qui pourrait, aujourd'hui, considérer ces lignes comme un simple divertissement intellectuel ? Nous y sommes jusqu'au cou dans la « grande guerre, » à la fois scientifique et populaire, la guerre colossale et sans précédent, que les Allemands se flattent d'avoir déchaînée sur le monde. Et, quand il s'agit d'emboîter le pas à Napoléon, de conquérir non seulement l'hégémonie de l'Europe, mais la maîtrise du monde, il me semble que nous sommes en plein dans « la grande politique. » Tout cela est sérieux, tristement sérieux, hélas ! Les phrases de Nietzsche, de ce solitaire, dédaigné d'abord de ses compatriotes, sont devenues le mot d'ordre de toute une nation. Le mirage d'avenir, qu'il a fait briller devant l'imagination allemande, l'Allemagne entière s'évertue à le réaliser.

Si nous pouvions conserver le moindre doute sur sa pensée fondamentale, sur l'importance de premier ordre qu'il attribue à la guerre, — la guerre réelle, à coups de canon, et non à coups de plume ou de bouquins, — il nous suffirait de relire ce passage empreint d'une cordiale sincérité : « C'est, dit-il, une vaine idée d'utopistes et de belles âmes que d'espérer beaucoup encore (ou même beaucoup seulement alors) de l'humanité, lorsqu'elle aura désappris de faire la guerre. En attendant, nous ne connaissons pas d'autre moyen qui puisse rendre aux peuples fatigués cette rude énergie du champ de bataille, cette profonde haine impersonnelle, *ce sang-froid dans le meurtre* uni à une bonne conscience, cette commune ardeur organisatrice dans l'anéantissement de l'ennemi, cette fière indifférence aux grandes pertes, à sa propre vie, et à celle des gens qu'on aime, cet ébranlement sourd des âmes, comparable aux tremblements de terre. Sans doute, on inventera, sous diverses formes, des substituts de la guerre, mais peut-être feront-ils voir de plus en plus qu'une humanité d'une culture aussi élevée et, par là même, aussi fatiguée que l'est aujourd'hui l'Europe, a besoin non seulement des guerres, mais des plus terribles, — *partant de retours momentanés à la barbarie*, — pour ne pas dépenser en moyens de civilisation sa civilisation et son existence même. » — Qu'on regarde de près chacune de ces phrases ; non seulement on y reconnaîtra la pure doctrine de l'Allemagne intellectuelle d'aujourd'hui, mais on en verra sortir quelques-uns des faits-divers dont s'alimentent, depuis quatre mois, nos journaux. C'est de la divination. Inclinons-nous devant Nietzsche. S'il n'a pas été un entraîneur pour la jeunesse de son pays, il a été un voyant d'une lucidité extraordinaire.

*

Voilà donc la guerre décrétée l'éducatrice du genre humain ? Si elle n'est plus, aux yeux de Nietzsche, d'institution divine, elle est scientifiquement nécessaire à l'humanité.

Guerre contre qui ?... Mais, d'une façon générale, envers et contre tous, — tout simplement : « Sus, sus ! dit Picrochole, et qui m'aime me suive ! » Chacun aura son tour, quiconque n'appartient pas à la belle race élue des maîtres, qui doivent asservir la planète. Mais il faut être patient, guetter l'heure et savoir ménager l'ennemi, jusqu'au moment favorable pour l'attaque. En tout temps, il y a des peuples débiles qui semblent, d'eux-mêmes, tendre le col au joug. On commencera par ceux-là : ce sont les peuples qui, ayant perdu le culte de la force, avec le sentiment de leur vaillance, se font les propagateurs d'une morale d'esclaves, la seule qui leur convienne. Pour ces doux, Nietzsche ne tarit pas en sarcasmes. Il leur jette l'injure à la face, il les appelle « bêtes de troupeaux, peuples-chiens, races inférieures ou dégénérées. » Ceux-là, *il faut* qu'ils disparaissent, pour céder la place aux forts. Pas de pitié pour eux ! Les épargner serait une injustice envers la Vie, puisqu'ils ne méritent pas de vivre :

« *Tu ne tueras point, tu ne déroberas point !* Ces paroles étaient appelée saintes jadis : devant elles, on courbait les genoux et la tête, et l'on ôtait ses souliers.

Mais je vous le demande, où y eut-il jamais de meilleurs brigands et de meilleurs assassins dans le monde que ne l'étaient ces saintes paroles ?

N'y a-t il pas, dans la vie elle-même, vol et assassinat ?

Et, en sanctifiant ces paroles, n'a-t-on pas assassiné *la vérité* elle-même ?

Ou bien n'était-ce point prêcher la mort que de sanctifier tout ce qui contredisait et déconseillait la vie ?... mes frères,, brisez, brisez-moi les vieilles tables ! »

Veut-on avoir la traduction de ce lyrisme d'apache en langage clair et prosaïque, et immédiatement contemporain ? Qu'on écoute cette interview d'un blessé allemand, un colonel bavarois, récemment hospitalisé dans une de nos villes méridionales. Comme, avec toutes les formes convenables, un prêtre en visite lui parlait des atrocités commises par ses compatriotes en Belgique et dans le Nord de la France, le colonel lui répondit : — « Ah ! c'est que ce n'est pas une guerre ordinaire ! C'est une guerre d'extermination ! Il ne s'agit pas de savoir qui gagnera une bataille, pour faire la paix ensuite. Il s'agit de savoir si la race latine et la race slave vont prétendre continuer d'exister en face de la race germanique, c'est-à-dire en face d'une culture et d'une civilisation supérieures. » À quoi l'ecclésiastique de répondre : « Et nous, sommes-nous donc sans culture ? Et les Belges ? — Oh ! parfaitement ! Je la connais, votre culture, je lis vos auteurs. Mais c'est une culture inférieure, la flamande aussi !... Oui, c'est entendu ! Vous êtes bons, vous soignez bien nos blessés. Mais que voulez-vous ? Vous êtes des êtres inférieurs, destinés à être absorbés. »

Ainsi parlait Zarathoustra, n'est-il pas vrai ?

Et même il avait soin de désigner à mots couverts la juste victime de l'ambition des forts, la proie légitimement offerte à leurs convoitises. Afin que nul n'en ignore, cette proie se trouve « là où la vie a son développement le plus mesquin, le plus étroit, le plus pauvre, le plus rudimentaire, et où, pourtant, elle ne peut faire autrement que de se prendre elle-même pour la fin et la mesure des choses, que d'émietter et de mettre en question furtivement, petitement, assidûment, ce qui est plus noble, plus grand, plus riche... » Ces gens, qui mettent en question petitement ce qui est grand et noble, ô mes frères de France et d'Europe, c'est nous-mêmes, n'en doutons pas !

*

Dès maintenant, des symptômes politiques non équivoques encouragent les espoirs des forts. Le socialisme et le nationalisme s'entendent admirablement à façonner les races inférieures pour la domination des aristocraties de l'avenir. Le socialisme surtout excelle à déviriliser, à abêtir et à domestiquer les masses. Et ainsi « tandis que la démocratisation de l'Europe aboutira à la création d'un type préparé à l'esclavage, ... l'homme fort deviendra nécessairement plus fort et plus riche qu'il ne l'a peut-être été jusqu'à présent, grâce au manque de préjugés de son éducation, grâce aux facultés multiples qu'il possédera dans l'art de dissimuler et dans les usages du monde. » — À ce manque de préjugés, à cet art de dissimuler, qui caractérisent l'homme fort, s'ajouteront les voyages et la vie cosmopolite, pour parachever son éducation. Derrière le mouvement démocratique de l'Europe, « s'accomplit, nous assure Nietzsche, un énorme processus physiologique, qui grandit chaque jour, — le phénomène du rapprochement des Européens, des Européens qui s'éloignent de plus en plus des conditions qui font naître des races liées par le climat et les mœurs, et qui s'affranchissent chaque jour davantage de tout *milieu défini*... donc la lente apparition d'une espèce d'hommes essentiellement *surnationale* et nomade, qui, comme signe distinctif, possède, physiologiquement parlant, un maximum de faculté et de force d'assimilation. »

L'éducation et surtout l'entretien de cette aristocratie, stimulatrice et dépensière effrénée de toutes les énergies, imposeront aux peuples un surmenage terrible. Jamais les cas de folie, de crétinisme, de rachitisme, de dégénérescence n'auront été plus fréquents que dans ces milieux de vie intense. Mais il serait absurde de s'en effrayer. C'est la rançon inévitable : « La *défection*, dit Nietzsche, la décomposition, le déchet n'ont rien qui soit condamnable en soi : ils ne sont que les conséquences nécessaires de la vie, de l'augmentation vitale... Une société n'est pas libre de rester jeune, et même, au moment de son plus bel épanouissement, elle laisse des déchets et des détritus. Plus elle progresse avec audace et énergie, plus elle devient riche en mécomptes, en difformités, *plus elle est près de sa chute.* »

Acceptons-en l'augure. Il paraît que l'Allemagne est riche en neurasthéniques, en fous et en suicidés. Serait-ce le commencement de sa fin ?

*

Mais Nietzsche se rirait de la question. Avant qu'une aristocratie, telle qu'il la rêve, apparaisse dans le monde, bien des tentatives infructueuses se seront succédé. Un surhomme coûte cher, et il est long à créer.

En tout cas, voici les caractéristiques qui le signaleront aux foules esclaves, ou aux observateurs perspicaces. D'abord, l'aristocrate de l'avenir sera un guerrier, un chef militaire, — du moins provisoirement, pendant les siècles que durera « la grande guerre. » Car, répétons-le encore, avec Nietzsche, nous sommes certainement entrés « dans une nouvelle ère guerrière. » Toute illusion pacifiste et humanitaire à ce sujet serait aussi naïve que funeste. Moyennant quoi, l'auteur de *Zarathoustra* ne laisse passer aucune occasion de se proclamer un admirateur enthousiaste de tout ce qui touche à la guerre et d'affirmer son culte du militarisme. Avec une insistance un peu ridicule chez un homme de plume et d'écritoire, il affecte d'employer des métaphores belliqueuses, des expressions empruntées à la technique militaire. Encore à la fin de sa vie lucide, dans les notes destinées à son livre sur *la volonté de puissance*, s'il examine les meilleurs remèdes contre les dissolvants de la modernité, il cite en première ligne « *le service militaire obligatoire*, avec des guerres véritables, qui fassent cesser toute espèce de plaisanterie. » — Ces derniers mots sont vraiment admirables ; *toute espèce de plaisanterie !* Y sent-on assez la raideur du caporal prussien ! Méditons-les soigneusement, et rapprochons-les, pour en faire notre profit, de ces autres mots, que les journaux attribuaient dernièrement à un diplomate teuton : « La guerre n'est pas un thé de cinq heures. » Les Allemands doivent, comme nous, en savoir quelque chose.

Enfin, pour couper court à toute discussion, Nietzsche ajoute en faveur du militarisme cet argument suprême : « Le maintien de l'état militaire est le dernier moyen qui nous soit laissé, soit pour la sauvegarde des grandes traditions, soit pour l'institution du type supérieur de l'homme, du type *fort*. » C'est donc, en définitive, une question vitale pour la civilisation.

Or, l'aristocrate formé par le militarisme ne connaît que lui-même et les hommes de son rang, lui d'abord : « Au risque de scandaliser les oreilles naïves, je pose en fait, dit Nietzsche, que *l'égoïsme* appartient à l'essence des âmes nobles... L'âme noble accepte l'existence de son égoïsme, sans avoir de scrupule. *C'est la justice même...* Elle prend, comme elle donne, par un instinct d'équité passionné et violent, qu'elle a au fond d'elle-même. » Ainsi quand un voleur vous vole, c'est par « un instinct d'équité passionné et violent. »

Mais ces nobles voleurs se piquent d'avoir une morale à eux, la morale des maîtres, qui ne saurait, en aucune façon, être celle des esclaves : « Une morale de maitre est surtout étrangère et désagréable au goût du jour, lorsqu'elle affirme, avec la sévérité de son principe, que l'on n'a de devoir qu'envers ses égaux ; qu'à l'égard des êtres de rang inférieur, à l'égard de tout ce qui est étranger, on peut agir à sa guise, « comme le cœur vous en dit, » et de toute façon, en se tenant « par delà le bien et le mal. » On peut, si l'on veut, en de certains cas, user de compassion, quoique rien ne soit plus dangereux pour les forts que la pitié : « Il y a aujourd'hui, dans toute l'Europe, une sensibilité et une irritabilité maladives pour la douleur, et aussi une intempérance fâcheuse à se plaindre, une efféminement qui voudrait se parer de religion et de fatras philosophique pour se donner plus d'éclat. Il y a un véritable culte de la douleur. Le manque de virilité de ce qui, dans les milieux exaltés, est appelé compassion saute, je crois, tout de suite aux yeux. » Arrière donc la pitié ! Le véritable mâle la méprise. « *Wotan a mis dans mon sein un cœur dur* : cette parole de l'antique saga Scandinave est vraiment sortie de l'âme d'un Wiking orgueilleux. Car lorsqu'un homme sort d'une pareille espèce, il est fier de ne pas avoir été fait pour la pitié. » Et d'ailleurs celui qui a des ennemis à abattre, celui qui veut ceindre la couronne de victoire doit être dur. Écoutons encore Zarathoustra :

« ... Si vous ne voulez pas être des *destinées, des inexorables*, comment pourriez-vous, un jour, vaincre avec moi ?

Et si votre dureté ne veut pas étinceler et trancher et inciser, comment pourriez-vous un jour créer avec moi?

Car les créateurs sont durs. Et cela doit vous sembler béatitude d'empreindre votre main en des siècles, comme en de la cire molle, — béatitude d'écrire sur la volonté des millénaires, comme sur de l'airain, — plus dur que de l'airain, plus noble que l'airain. Le plus dur seul est le plus noble.

Ô mes frères, je place au-dessus de vous cette nouvelle table de la loi : DEVENEZ DURS ! »

Les âmes sensibles peuvent alléguer que l'homme dur et sans pitié se met hors de l'humanité, se rapproche du barbare et de la brute,

Nietzsche leur répond triomphalement : « Il ne faut pas se faire d'illusions humanitaires sur l'histoire des origines d'une société aristocratique (qui est la condition pour l'élévation du type « homme.) La vérité est dure. Disons-la sans ambages, montrons comment jusqu'ici a débuté sur terre toute civilisation élevée. Des hommes d'une nature naturelle, des Barbares dans le sens le plus redoutable du mot, *des hommes de proie*, en possession d'une force de volonté et d'un désir de puissance encore inébranlés, se sont jetés sur des races plus faibles, plus policées, plus pacifiques, peut-être commerçantes ou pastorales, *ou encore sur des civilisations amollies et vieillies, chez qui les dernières forces vitales s'éteignaient, dans un brillant feu d'artifice d'esprit et de corruption.* La caste noble fut, à l'origine, toujours la caste barbare. Sa supériorité ne résidait pas tout d'abord dans sa force physique, mais dans sa force psychique. Elle se composait d'hommes plus complets, ce qui, à tous les degrés, revient à dire, *de bêtes plus complètes.* » Et voilà !... Quand nous croyons injurier les officiers allemands, incendiaires de cathédrales, ou assassins de femmes et d'enfants, en les traitant de barbares et de bêtes brutes, ils nous rient au nez. Ils revendiquent ce titre avec orgueil : barbares et brutes, ils sont fiers de l'être.

Faire le plus de mal possible au voisin, qui est l'ennemi, c'est bénédiction pour l'homme fort. Le contraire serait sottise et faiblesse. En effet, « s'abstenir réciproquement de froissements, de violence, d'exploitations, cela peut, entre individus, passer pour être de bon ton, mais seulement à un point de vue grossier, et lorsqu'on est en présence de conditions favorables... Mais dès qu'on pousse plus loin ce principe, dès qu'on essaie d'en faire même le principe fondamental de la société, on s'aperçoit qu'il s'affirme pour ce qu'il est véritablement : volonté de nier la vie, principe de décomposition et de déclin. Il faut ici penser profondément, et aller jusqu'au fond des choses, en se gardant de toute faiblesse sentimentale. La vie elle-même est essentiellement appropriation, agression, assujettissement de ce qui est étranger et plus faible, oppression, dureté, *imposition de ses propres forces, incorporation, et tout au moins exploitation.* » Autrefois on croyait rêver, en lisant cela. Aujourd'hui, il faut bien s'incliner devant la réalité, et saluer décidément dans ces phrases de Nietzsche le programme prophétique, — d'une franchise et d'une brutalité toutes bismarckiennes, — de l'impérialisme allemand et de sa politique mondiale : incorporation, ou « tout au moins » exploitation. Voilà ce qui attend quiconque n'a pas encore l'honneur de faire partie de l'Empire.

Rien n'arrêtera la brute conquérante lâchée contre sa proie, pas plus la crainte de souffrir elle-même, que de faire souffrir autrui. Il y a une jouissance dans la douleur victorieusement subie et il y en a une autre à faire le mal sciemment. Dans le plan de son grand ouvrage inachevé, de celui qu'il appelle *Le Livre parfait*, Nietzsche prévoit des développements considérables sur la « nécessité de faire mal, sur la volupté de la destruction. » Ce n'est pas que les victimes se soumettent de gaité de cœur aux traitements féroces du conquérant. Elles se révoltent et, quelquefois, de façon cuisante pour le vainqueur. Mais qu'importe ! L'homme fort aime le risque, il cherche le danger de l'aventure, il est content d'avoir un bon ennemi, ne fût-ce que pour entretenir sa bravoure et aussi sa cruauté. Car il faut être méchant et cultiver diligemment sa méchanceté. En cent passages Nietzsche revient sur la nécessité qu'il y a, pour l'homme fort, d'être méchant.

Ainsi, il est dur à lui-même comme il est dur aux autres. Grâce à cette éducation impitoyable, il devient, comme dit son pédagogue, « une bête complète ; » il goûte la joie profonde d'être une brute, de se sentir une brute malfaisante et destructrice. Détruire ! quelle ivresse ! D'abord, l'ennemi : cela va de soi ! Puis tout ce qui touche à l'ennemi, sa civilisation, son passé. Tout cela est condamné à mort avec lui. Tout cela est entaché d'erreur et de corruption, puisque cela n'a pas pu le sauver. Hâtons-nous de faire disparaître ces vestiges d'une race moribonde :

« Ô mes frères, suis-je donc cruel ? dit Zarathoustra. Mais je vous le déclare : ce qui tombe, il faut encore le pousser ! Tout ce qui est d'aujourd'hui tombe et se décompose. Qui donc voudrait le retenir ? Mais moi, — moi je veux encore le pousser !

Connaissez-vous la volupté qui précipite les roches dans les profondeurs à pic ?... Ces hommes d'aujourd'hui, regardez donc comme ils roulent dans mes profondeurs !

Je suis un prélude pour de meilleurs joueurs, ô mes frères, un exemple! Faites selon mon exemple !

Et, s'il y a quelqu'un à qui vous n'appreniez pas à voler, apprenez-lui *à tomber plus vite* ! »

Par delà les ruines, en avant ! Mort au passé, et vive l'avenir ! Un tas de pierres, même consacrées par l'art ou par les vieilles religions, ne doit pas arrêter l'élan du vainqueur : « J'aimerai, dit Zarathoustra, j'aimerai même les églises et les tombeaux des dieux, *quand le ciel regardera d'un œil clair à travers leurs voûtes brisées. J'aime à être assis sur les églises détruites*, semblable à l'herbe et au rouge pavot. » Est-ce simplement le hasard des mots, ou bien, je le répète, est-ce une vision prophétique ? En tout cas, les dévastations sauvages de Louvain, de Malines, de Reims, d'Ypres et d'Arras fournissent à ce passage un commentaire d'une actualité tragique et saisissante. Le mois dernier, les lignes suivantes paraissaient dans le *Tag* de Berlin, sous la signature d'un général allemand : « Nous n'avons rien à justifier. Tout ce que feront nos soldats pour faire du mal à l'ennemi, tout cela sera bien fait et justifié d'avance. Si tous les chefs-d'œuvre d'architecture placés entre nos canons et ceux des Français allaient au diable, cela nous serait parfaitement égal... On nous traite de Barbares : la belle affaire! nous en rions. Nous pourrions tout au plus nous demander si nous n'avons pas quelque droit à ce titre. Que l'on ne nous parle plus de cathédrale de Reims, et de toutes les églises et de tous les palais qui partageront son sort : nous ne voulons plus rien entendre. Que de Reims, nous arrive seulement l'annonce d'une deuxième entrée victorieuse de nos troupes : tout le reste nous est égal. »

N'est-ce pas que c'est d'un bon élève de Zarathoustra ? car le moderne barbare est un bon élève, — c'est là sa marque. Il est pédant, comme son père le philologue Frédéric Nietzsche. Il n'abandonne rien au hasard, il fait tout par principe. S'il lâche la bride à ses ignobles instincts, il faut que la philosophie ou la science le munissent pour cela de raisons profondes. S'il se soûle, il faut que ce soit à l'imitation du thiase de Dionysos : « Bien manger et bien boire, ô mes frères, ce n'est pas en vérité un art vain, » vaticine Zarathoustra. Mais le Germain ne peut imiter le Grec, que comme le bourgeonné Silène imite son maître. L'orgie dyonisienne, pour lui, c'est se rouler dans le sang et dans l'ordure.

*

Quelqu'un me dit : ce parallélisme entre la philosophie de Nietzsche et les mœurs militaires allemandes, telles que la guerre actuelle vient de les révéler, est assurément curieux et même frappant. Mais ce parallélisme est tout accidentel. En réalité, Nietzsche n'a eu ni succès, ni influence en Allemagne.

C'est bien possible, et lui-même s'est assez plaint du grand silence qui accueillit, dans sa patrie, tous ses ouvrages indistinctement. Pour l'instant, je ne veux pas examiner cette question dont j'ignore les premiers éléments. Il me suffit de constater l'accord parfait qu'il y a entre ses enseignements et la mentalité très spéciale que manifestent, en ce moment, les armées allemandes. Telle de ces pages est l'exacte photographie psychologique de l'officier allemand d'aujourd'hui. Lui-même enfin nous apparaît, non pas seulement comme le type littéraire le plus complet et le plus original de la culture allemande contemporaine, mais comme le produit le plus parfait de la discipline prussienne, du militarisme intellectuel prussien.

On objecte qu'il aimait la France. Comment l'aimait-il, hélas ! et pour quelles raisons médiocrement flatteuses ! Il la considère comme le type de la nation décadente, mais qui a au moins les vertus de sa décadence, une finesse, une pénétration psychologique tout à fait singulières. La France qu'il exalte le plus appartient au passé : c'est la France classique, avec son sens de la perfection et de l'aristocratie. Pour ce qui est de la France moderne, il lui retire la qualité essentielle à ses yeux, l'énergie et la continuité du vouloir. Que de vains compliments, et sur des avantages secondaires, ne nous abusent donc pas ! Nietzsche est un Allemand, et même un Sur-Allemand, — un Prussien. Il a eu le tort de confesser ses instincts, de dire tout haut ce qu'il convoitait, ce qu'il espérait, de mettre à nu l'âme prussienne, à une époque où elle avait encore la pudeur d'elle-même. On lui a fait payer ce cynisme par la conspiration du silence. Peut-être aussi ses compatriotes n'étaient-ils pas mûrs pour le comprendre :

Ton siècle était, dit-on, trop jeune pour te lire:
Le nôtre doit te plaire, et tes hommes sont nés.

Mais il savait bien, lui, qu'il était profondément allemand : « ce livre si allemand, » écrivait-il, à propos de *Humain trop humain*. Sans cesse, il fut hanté par le souci de l'avenir de son pays, et, lorsqu'il publia ses premières brochures, son ami Overbeck, qui les signalait à l'historien Treischke, pouvait les lui recommander en ces termes : « Je suis sur que tu discerneras, dans ces considérations de Nietzsche, le plus profond, le plus sérieux, le plus instinctif dévouement à la grandeur allemande. »

Enfin, trait significatif, qui achève la physionomie de l'Allemand moderne (et peut-être de tous les temps), Nietzsche avait le sens de la dissimulation : il recommandait la tromperie comme une excellente arme de guerre et d'avant-guerre. Autant que le public réfractaire à l'écrivain novateur, la proie désignée du peuple conquérant veut être abusée par de faux semblants. Avec sa dure et toujours un peu grossière ironie à la prussienne, l'auteur de *Zarathoustra* a écrit quelque part : « Il est sage pour un peuple de laisser croire qu'il est profond, qu'il est gauche, qu'il est bon enfant, qu'il est honnête, qu'il est malhabile ; il se pourrait qu'il y eût à cela plus que de la sagesse, — de la profondeur. Et enfin, il faut bien faire honneur à son nom [quand on est allemand] : on ne s'appelle pas impunément *das Teusche volk*, — le peuple qui trompe. »

*

À quel point Nietzsche nous a trompés et bernés, nous autres bonnes gens de France (à peu près comme Frédéric II trompa et berna Voltaire), c'est une chose stupéfiante, et que, pour ma part, je ne suis pas encore tout à fait parvenu à m'expliquer.

Je jure qu'avant ces derniers temps, j'ignorais complètement son œuvre, ou je ne la connaissais que par de vagues ouï-dire. Voilà douze ans, j'essayai de lire *Zarathoustra*. Dès la première page, je refermai le livre, arrêté par les broussailles de cette mauvaise prose allemande. L'indigeste volume a dormi jusqu'à présent sur les rayons de ma bibliothèque. Mais, dès que je l'eus ouvert, avec la volonté d'en avoir le cœur net, la conviction s'imposa à mon esprit que l'ignoble guerre allemande d'aujourd'hui, dans son inspiration et ses tendances, est sortie de ce livre et de ses pareils. S'il vivait encore, Nietzsche pourrait dire, en toute vérité : « C'est ma guerre. »

Comment nos gens n'en ont-ils rien soupçonné, voilà qui me passe. Je ne connais pas de plus bel exemple de la dépravation intellectuelle qui, naguère encore, sévissait chez nous. (Espérons que, maintenant, c'est fini et que les communiqués du général Joffre nous auront donné une leçon de rhétorique radicale et définitive !) Nos mandarins de lettres étaient si incapables de comprendre qu'on put parler pour autre chose que pour le plaisir, que cette abominable prédication de Nietzsche, si terriblement réaliste et positive, a été prise par eux pour de la simple virtuosité idéologique. Pas un seul instant, ils n'ont songé à se demander si elle ne pourrait point avoir une répercussion, immédiate ou lointaine, dans la pratique.

Ainsi, voilà une doctrine qui n'a d'originalité que parce qu'elle subordonne brutalement la pensée à l'action, la spéculation à la vie, une doctrine qui est avant tout une philosophie de la vie, intéressante uniquement si elle passe dans les faits, *si elle est vécue*. Et personne ne s'est inquiété de savoir ce qu'elle était devenue dans la réalité ; ni si elle a tenté, ni même si elle est capable de se réaliser. Ce n'était là, croyait-on, que du paradoxe, de la mousse un peu épaisse d'intellectualité. Et puis enfin, comme on avait coutume de dire, dans nos milieux littéraires, après une brillante discussion : cela n'avait pas d'importance ! Pour nous, il y a quatre mois (il me semble qu'il y a quatre siècles), — grâce justement à l'influence pernicieuse et toujours persistante du vieil idéalisme allemand, — il existait un abîme entre penser et agir. Quelle fâcheuse tournure d'esprit ! Par elle s'explique que nos esthètes et nos critiques n'aient vu dans l'œuvre de Nietzsche que de la littérature, les rêveries d'un neurasthénique solitaire. Ces phrases, bourrées, comme des obus, par les pires explosifs de la pensée allemande, ils les ont maniées avec l'inconscience et la sérénité d'un garçon de muséum époussetant les cartons de ses herbiers.

Mais cette confrontation des théories nietzschéennes avec la réalité, — quand ils l'eussent essayée, — était bien impossible à nos littérateurs. Ils en sont toujours à « l'homme classique » de Taine, à cette entité psychologique, sur laquelle nos Jacobins ont discouru et légiféré. Un Jeune-Turc, pour eux, ne peut être révolutionnaire qu'à la façon de nos radicaux-socialistes. Ils ne conçoivent point que la liberté de notre catéchisme républicain ne soit et ne puisse être qu'une liberté française : ils sont persuadés qu'elle vaut pour l'univers et que le reste du monde nous l'envie. Les voyages n'y font rien, ne leur apprennent rien. Des milliers de Français ont traversé l'Allemagne, ils n'en ont rapporté que des étonnements, des admirations de badauds hypnotisés par des façades, et incapables de deviner ce qui se passe derrière. Les plus coupables sont ceux qui nous ont présenté de l'Allemand moderne une image généreuse autant que conventionnelle. Leurs livres n'ont pas résisté au premier choc des réalités. Comme le disait Maurice Barrès des romans de Zola, ils ont beau dater d'hier, ils sont déjà en puanteur.

Ce qui nous excuse peut-être, c'est que les Allemands, qui s'infiltrent partout, qui vivaient chez nous, qui avaient envahi jusqu'à nos villages et jusqu'à nos fermes, qui ont la science la mieux informée, la plus documentée, et le premier service d'espionnage du monde entier, nous ignoraient presque autant que nous les ignorions, avant la rencontre du champ de bataille. Maintenant, ils nous connaissent, et avantageusement, je crois. Si cher que leur connaissance nous ait coûté, nous ne pouvons pas en dire autant d'eux.

Partie III
Le Système de Nietzsche et l'évolution de l'être humain[3]

A - L'homme moderne ou la partie négative du système de Nietzsche

I

Toute époque, toute civilisation a ce que Nietzsche appelle sa « table des valeurs » ; en d'autres termes, elle admet une hiérarchie des valeurs ; elle estime telle chose supérieure à telle autre ; elle croit que telle action est préférable à telle autre ; elle juge, pour prendre un exemple particulier, que la vérité est supérieure à l'erreur ou qu'un acte miséricordieux est préférable à un acte de cruauté. La détermination de cette table des valeurs, et en particulier la fixation des plus hautes valeurs, est le fait capital de l'histoire universelle, puisque cette hiérarchie des valeurs détermine les actes conscients ou inconscients de tous les individus et motive tous les jugements que nous portons sur ces actes. Ce problème de la détermination des valeurs prime donc, pour le philosophe, tous les autres ; c'est en tout cas sur lui que Nietzsche a concentré tous ses efforts. Et le

---

[3] Par Henri Lichtenberger dans *La Philosophie de Nietzsche*.

résultat de ses méditations a été le suivant : la table des valeurs actuellement reconnue par la civilisation européenne est mal faite et doit être révisée du haut en bas. On doit procéder à ce qu'il appelle la « transvaluation de toutes les valeurs » (*Umwerthung aller Werthe*), changer par conséquent l'orientation de notre vie entière, modifier les principes essentiels sur lesquels reposent tous nos jugements. Vers la fin de sa vie consciente, son imagination, exaltée par la solitude profonde qui se faisait autour de lui et peut-être aussi par l'approche de la crise où devait sombrer sa raison, voyait dans cette révolution philosophique le point de départ d'un bouleversement formidable pour l'humanité : « Je vous jure, écrivait-il à Brandes le 20 novembre 1888, que dans deux ans toute la terre se tordra dans des convulsions. Je suis une fatalité… *Ich bin ein Verhängniss.* »

L'homme moderne place en tête de sa table des valeurs un certain nombre de valeurs absolues, qu'il met au-dessus de toute discussion et qui lui servent de mesure pour apprécier toute la réalité. Parmi ces biens universellement reconnus sont par exemple le Vrai et le Bien. S'il est un fait qui semble au-dessus de tout conteste, c'est que la vérité vaut mieux que l'erreur ; prouver d'une affirmation, d'une théorie quelconque, qu'elle est fausse, c'est lui enlever tout crédit ; le culte de la vérité, de la sincérité à tout prix est peut-être l'une de nos plus solides croyances. De même les penseurs les plus téméraires se sont arrêtés saisis de crainte devant le problème du bien et du mal. Kant regardait comme une vérité supérieure à toute raison et à toute discussion l'existence de son *impératif catégorique*, « agis de telle sorte que ta conduite puisse être érigée en règle universelle ». Schopenhauer lui-même, tout en critiquant la théorie kantienne du devoir, admettait néanmoins que tous les hommes sont d'accord, pratiquement, pour formuler ainsi le contenu de la loi morale. *Neminem lœde, immo omnes, quantum potes, juva :* « Ne fais de mal à personne, secours les autres le plus que tu pourras. » Les philosophes n'ont jamais osé révoquer en doute la légitimité des jugements moraux, ils se sont uniquement préoccupés de chercher le « fondement de la morale », de rechercher le pourquoi rationnel — pratiquement tout à fait indifférent — de ces jugements portés constamment et sur toutes les actions humaines au nom d'une « conscience morale » devant qui tout le monde s'incline avec respect. Or c'est précisément à ces convictions, qui dominent aujourd'hui la vie intérieure de presque tous les hommes, à ce culte de la vérité, à cette religion de la loi morale, que Nietzsche déclare la guerre. Au lieu de les accepter respectueusement comme un fait qu'il est inutile de discuter, comme une autorité dont il est impie d'examiner les titres, il les considère hardiment comme un problème, il ne craint pas de se poser nettement la question : Pourquoi la vérité plutôt que l'erreur ? Pourquoi le bien plutôt que le mal ? Et le problème ainsi posé il le résout avec la même hardiesse en fixant comme règle de conduite de l'homme vraiment libre la devise de cet ordre mystérieux des « Assassins » que les croisés rencontrèrent jadis en Terre Sainte : « Rien n'est vrai ; tout est permis. »

Pour Nietzsche en effet toutes ces entités métaphysiques, mystérieuses et surhumaines que l'homme a toujours supposées en dehors de lui et qu'il a révérées sous des noms divers — « Dieu », le monde des « Choses en soi », la « Vérité », l'« Impératif catégorique » — ne sont que des fantômes de notre imagination. La réalité la plus immédiate, la seule réalité qu'il nous soit donné de connaître, c'est le monde de nos désirs, de nos passions. Tous nos actes, toutes nos volontés, toutes nos pensées sont en dernière analyse gouvernées par nos instincts, et ces instincts se ramènent tous, finalement, à un seul instinct primordial, la « volonté de puissance » qui suffit — c'est l'hypothèse de Nietzsche — pour expliquer à lui seul toutes les manifestations de la vie dont nous sommes témoins. Tout être vivant — plante, animal ou homme — tend à augmenter sa force en soumettant à sa domination d'autres êtres, d'autres forces. Cet effort continu, cette lutte perpétuelle où chaque être met sans cesse en jeu sa propre vie pour augmenter sa puissance, est la loi fondamentale de toute existence. Toutes les manifestations de la vie sans exception sont régies par l'instinct. Si l'homme aspire à la vertu, à la vérité ou à l'art c'est en vertu d'un instinct naturel qui, pour se satisfaire, le pousse à agir d'une certaine manière. Ainsi la morale que le chrétien regarde comme une révélation divine et à laquelle il subordonne toute son existence est en réalité une invention humaine destinée à satisfaire tel ou tel instinct. De même la vérité à laquelle le savant consacre sa vie a été recherchée primitivement par la volonté de puissance qui tendait à agrandir sa domination. Mais l'homme en est arrivé, par une singulière aberration, à adorer comme idéal ce qu'il avait créé lui-même pour répondre à un de ses besoins. Au lieu de dire : « Je vis pour satisfaire mes instincts, et en vertu de cette loi je rechercherai donc le bien et le vrai dans la mesure où ma volonté de puissance m'y poussera » il pose en principe : « Le bien et le vrai doivent être recherchés *pour eux-mêmes* ; il faut faire le bien parce que c'est le bien, aspirer à la vérité pour l'amour de la vérité ; la vie de l'homme n'a de valeur que dans la mesure où il subordonne son intérêt égoïste à ce but idéal ; il devra donc, au nom de l'idéal, comprimer ses instincts personnels et regarder l'égoïsme comme un mal. » Or, l'homme qui raisonne ainsi et qui agit en conséquence, est à la vérité poussé, lui aussi, par un instinct — car l'instinct est le mobile dernier de tous nos actes ; — seulement cet instinct est perverti.

Les instincts de l'homme ne sont, en effet, pas tous également sains ; les uns sont normaux et tendent à augmenter sa vitalité, mais d'autres sont morbides et tendent à l'affaiblir. Les maladies du corps ont des causes naturelles et se développent en vertu des lois de l'organisme ; elles n'en aboutissent pas moins à la destruction du corps et doivent, par suite, être combattues par le médecin. Il en est de même des maladies de la personnalité : elles ont une origine naturelle, mais leurs conséquences n'en sont pas moins désastreuses. Selon que les instincts normaux ou les instincts morbides prédomineront dans un individu donné, il sera un bel exemplaire d'humanité ou un dégénéré. Il y a donc d'une part des hommes sains de corps et d'âme, qui disent « oui » à l'existence, qui sont heureux de vivre et dignes de perpétuer la vie, et il y a, d'autre paît, des malades, des impuissants, des décadents, dont l'instinct vital est amoindri, qui disent « non » à l'existence, qui s'inclinent vers la mort, vers l'anéantissement, qui ne cherchent plus, ou en tout cas ne devraient plus chercher à se perpétuer. C'est là une réalité naturelle et physiologique contre laquelle il n'y a pas à s'insurger : *en fait*, la vie est partout en progrès ou en décadence, elle augmente ou diminue d'intensité ; l'homme est une plante qui tantôt végète misérablement et tantôt s'épanouit splendidement, poussant de tout côté des rejetons puissants et magnifiques. — C'est sur ce fait que Nietzsche fonde sa table des valeurs.

Il raisonne ainsi : « Je ne sais pas si la vie est en elle-même bonne ou mauvaise. Rien n'est plus vain, en effet, que l'éternelle discussion entre les optimistes et les pessimistes et cela pour une excellente raison, c'est que personne au monde n'a qualité pour juger ce que vaut la vie : les vivants ne le peuvent pas parce qu'ils sont partie dans le débat et même objets du litige ; les morts ne le peuvent pas davantage — parce qu'ils sont morts. Ce que vaut la vie dans sa totalité, nul ne peut donc le dire ; j'ignorerai à tout jamais s'il eût mieux valu pour moi d'être ou de ne pas être. Mais du moment où je vis, *je veux* que la vie soit aussi exubérante, aussi luxuriante, aussi tropicale que possible, en moi et hors de moi. Je dirai donc « oui » à tout ce qui rend la vie plus belle, plus digne d'être vécue, plus intense. S'il m'est démontré que l'erreur et l'illusion peuvent servir au développement de la vie, je dirai « oui » à l'erreur et à l'illusion ; s'il m'est démontré que les instincts qualifiés de « mauvais » par la morale actuelle — par exemple la dureté, la cruauté, la ruse, l'audace téméraire, l'humeur batailleuse — sont de nature à augmenter la vitalité de l'homme, je dirai « oui » au mal et au péché ; s'il m'est démontré que la souffrance concourt aussi bien que le plaisir à l'éducation du genre humain, je dirai « oui » à la souffrance. — Au contraire, je dirai « non » à tout ce qui diminue la vitalité de la plante humaine. Et si je découvre que la vérité, la vertu, le bien, en un mot toutes les valeurs révérées et respectées jusqu'à présent par les hommes sont nuisibles à la vie, je dirai « non » à la science et à la morale. »

Nous allons étudier dans ce chapitre comment s'est formée, d'après Nietzsche, la table des valeurs en cours actuellement, quelle est leur origine et quel état d'âme elles révèlent chez l'Européen moderne.

II

« Au cours de mes pérégrinations à travers les nombreuses morales raffinées ou grossières qui ont régné jusqu'à présent sur la terre ou y règnent encore, j'observai certains traits qui semblaient connexes et se montraient toujours simultanément ;

si bien qu'enfin deux types fondamentaux se révélèrent à moi, séparés par une différence capitale. Il y a une morale de maîtres et une morale d'esclaves... La détermination des valeurs morale ? s'est faite ou bien au sein d'une race de dominateurs consciente et fière de la distance qui la séparait de la race dominée, — ou bien parmi la foule des sujets, des esclaves, des inférieurs de toutes sortes. »

À l'origine de la civilisation européenne on voit à tout instant se reproduire le fait qui donne naissance à ces lieux types de morale : une race belliqueuse, une bande d'hommes de proie fond sur une race inférieure, plus paisible, moins guerrière, la soumet et l'exploite à son profit. C'est ainsi que prennent naissance la civilisation grecque et la civilisation romaine, ou encore, qu'à une époque plus récente se fondent, sur les débris de l'empire romain, les royaumes germaniques. L'homme de proie, l'aristocrate, a conscience de déterminer lui-même la valeur des hommes et des choses : ce qui lui est utile ou nuisible est bon ou mauvais en soi ; sa morale n'est que la conscience joyeuse de sa perfection et de sa force. Il appelle « bon » (*gut*) celui qui est son égal, le noble, le maître, et « mauvais » (*schlecht*) celui qui est son inférieur, le vilain, l'esclave qu'il méprise. Le « bien » n'est donc pas autre chose pour lui que l'ensemble des qualités physiques et morales qu'il prise chez lui-même et chez ses pairs. Il se sait gré à lui-même d'être fort et puissant, de savoir dominer et aussi se dominer, d'être dur pour lui-même comme pour les autres ; et en conséquence il honore aussi ces mêmes qualités chez les autres. Par contre il méprise la faiblesse et la lâcheté sous toutes leurs formes, peur, flatterie, bassesse, humilité, mensonge surtout. Il n'estime guère ni la pitié ni le désintéressement, ces vertus si prisées aujourd'hui, car il juge que ces sentiments sont quelque peu déplacés et même légèrement ridicules chez un maître, chez un chef. Mais il admire la force, l'audace, aussi la ruse et même la cruauté parce que ce sont ces qualités qui lui assurent la suprématie guerrière. Surtout — et c'est par là principalement qu'il choque la conscience moderne — il est fermement convaincu qu'il n'a de devoirs qu'envers ses pairs : qu'il peut agir envers l'esclave et l'étranger comme bon lui semble et les traiter aussi durement ou aussi doucement qu'il lui plaît, sans que cela tire à conséquence. Envers ses pairs, par contre, il a des obligations très strictes : il doit être fidèle dans la reconnaissance comme dans la vengeance, rendre exactement le bien comme le mal ; il doit le dévouement absolu à l'ami et au chef, la déférence au vieillard. Il a le respect inné de la tradition : loin de croire au progrès, il honore le passé et considère avec un préjugé défavorable les jeunes générations. La morale aristocratique est dure et intolérante. Comme les nobles se sentent en général une minorité campée au milieu d'une multitude sourdement hostile, il leur faut à tout prix maintenir intactes, dans leur race, les qualités qui ont assuré leur triomphe : c'est pour eux une question du vie ou de mort ; aussi les coutumes qui ont trait à l'éducation des enfants, au mariage, aux relations entre jeunes et vieux sont-elles fort rigoureuses ; tout est calculé en vue de prévenir la dégénérescence, de maintenir aussi pur, aussi fixe que possible le type primitif de la race. — Enfin une race aristocratique a son dieu en qui elle incarne toutes les vertus qui l'ont conduite à la puissance et à qui elle témoigne par des sacrifices sa reconnaissance d'être ce qu'elle est. Ce dieu, que l'aristocrate conçoit à son image, doit en conséquence pouvoir être utile ou nuisible, ami ou ennemi, bienfaisant ou malfaisant ; il est, en réalité, la « volonté de puissance » qui a guidé les maîtres vers la domination, qui les a faits forts et heureux ; et le culte qu'ils lui rendent est l'expression de leur joie de vivre, du gré qu'ils se savent à eux-mêmes d'être beaux et puissants.

Tout différent est le second des grands types de morale, la morale de l'esclave, du faible, du vaincu. Si le sentiment qui domine chez les maîtres est l'orgueil, la joie de vivre, le faible aura inversement une tendance pessimiste à se méfier de la vie et surtout la haine instinctive du puissant qui l'opprime. Il faut bien se rendre compte, en effet, que les races « nobles » ont été pour les races inférieures des ennemis effroyables. Pleins d'égards, et de déférence les uns pour les autres, les maîtres ne connaissent plus aucune loi dès qu'ils se trouvent en présence de l'étranger. Ils se dédommagent sur lui de la contrainte qu'ils exercent sur eux-mêmes dans leurs relations avec leurs égaux. Contre lui tout est permis — la violence, le meurtre, le pillage, la toiture ; contre lui les nobles redeviennent des bêtes de proie, superbes et atroces ; et ils rentrent de leurs sanglantes équipées, joyeux, la conscience à l'aise, persuadés qu'ils ont accompli des exploits glorieux, dignes d'être chantés par les poètes. Aussi sont-ils pour leurs victimes, des monstres odieux et terribles : « Cette *audace* des races nobles, folle, absurde, soudaine dans ses manifestations, l'inattendu, l'invraisemblable de leurs entreprises..., leur indifférence et leur mépris pour la sécurité, la vie, le bien-être, leur effroyable sérénité d'âme, leur joie profonde dans la destruction, la victoire et la cruauté — tout cela se résuma, pour les victimes de leurs entreprises, dans l'image du « barbare », de « l'ennemi méchant » — du « Goth » ou du

« Vandale » par exemple. » — Ainsi l'homme fort et puissant, le « bon » de la morale de maître devient le « méchant » (*böse*) de la morale d'esclave. Le « mal », pour le faible, c'est tout ce qui est violent, dur, terrible, tout ce qui inspire la crainte. Le « bien » comprendra inversement toutes ces vertus, méprisées par les maîtres, qui rendent l'existence moins dure aux opprimés, aux souffrants : la pitié, la douceur, la patience, l'industrie, l'humilité, la bienveillance ; le « bon » qui était le guerrier redoutable et fort dans la morale de maîtres, devient dans celle des esclaves l'homme pacifique et débonnaire, un peu méprisable même parce que trop inoffensif — trop « bonhomme ».

III

Suivons d'un peu plus près la genèse de la table des valeurs admises par les esclaves : c'est dans ce milieu, en effet, que sont nées la morale et la religion chrétiennes sur qui repose tout le système des valeurs modernes.

La horde des esclaves, le troupeau des faibles, des déshérités, des dégénérés de toute sorte trouve son chef naturel dans le prêtre. Qu'est-ce que le prêtre ?

Le prêtre doit être lui-même un dégénéré pour pouvoir comprendre les besoins de sa tribu de malades, pour supporter de vivre parmi eux. Mais il doit avoir conservé intact son instinct de domination, afin qu'il puisse gagner la confiance des souffrants, leur inspirer de la crainte, devenir leur gardien, leur soutien, leur tyran, leur dieu. Sa mission consiste d'abord à défendre le troupeau des faibles contre les forts. À ce titre il sera l'ennemi juré des maîtres ; contre eux, il usera sans scrupule de tous les moyens, en particulier des armes du faible, la ruse et le mensonge ; il se fera lui-même une « bête de proie » — et une bête de proie presque aussi redoutable que celles qu'il combat. Mais ce n'est pas tout : il doit en outre défendre le troupeau contre lui-même, contre les mauvais sentiments qui éclosent naturellement dans toutes les agglomérations de malades ; il combat avec sagesse et dureté tout commencement d'anarchie, tout symptôme de dissolution ; il manipule adroitement ce dangereux explosif, le ressentiment, qui s'accumule sans cesse parmi ses cohortes et s'arrange à le faire éclater sans que l'explosion cause de dommage au troupeau et au berger. Telle est la mission historique du prêtre — mission utile en un sens puisqu'il prévient des catastrophes en disciplinant la multitude des dégénérés — mission néfaste cependant, en dernier ressort, car elle entrave le cours de l'évolution naturelle. Le port naturel où tendent les faibles, les malades, les pessimistes de toute sorte, c'est la bonne mort, la mort qui endort toute souffrance, asile de paix, refuge inviolable de tous les mal venus. Mais chez ceux-là même dont l'énergie vitale est amoindrie, la « volonté de puissance » se défend instinctivement contre l'anéantissement : en déformant la réalité, elle leur suggère de nouvelles raisons de vivre, elle leur fournit des expédients pour tromper leur souffrance, elle les abuse sur la cause de leur mal. Le prêtre se sert avec une habileté consommée de cet instinct naturel ; il le dirige, le stimule, l'exagère, il en fait l'instrument de sa domination. Il devient le protecteur d'une foule innombrable de malades. À quel prix ? Nous le verrons tout à l'heure.

C'est parmi les Juifs, cette race de prêtres qui placée dans les pires conditions d'existence s'est cependant maintenue en vie par des prodiges de ténacité, qu'a commencé ce que Nietzsche appelle « la révolte des esclaves » en morale. « Ce sont les Juifs, dit-il, qui ont été les pires adversaires de l'équation des valeurs aristocratiques (bon = noble = puissant = beau = heureux = aimé des dieux) ; avec une logique terrifiante ils ont tenté de la renverser, ils l'ont saisie avec les crocs de la haine la plus profonde — la haine de l'impuissant — et ils ont tenu bon. Les malheureux seuls, disent-ils, sont les bons ; les pauvres, les impuissants, les faibles sont seuls bons ; les souffrants, les miséreux, les malades, les laids sont aussi seuls pieux, seuls aimés de Dieu ; pour eux seuls est réservée la félicité. — Vous, au contraire, les nobles, et les puissants, vous qui êtes, de toute éternité méchants, cruels, sensuels, insatiables, impies, vous serez aussi éternellement malheureux, maudits, réprouvés ! »

Le christianisme a hérité de cette table des valeurs nouvelle instituée par le judaïsme ; le prêtre chrétien n'a eu qu'à poursuivre l'œuvre du prêtre juif, et voici qu'après deux mille ans de lutte il est aujourd'hui vainqueur.

Le premier acte de la grande interversion des valeurs a été l'hypothèse de l'*âme* et de la *volonté libre*. En réalité il n'y a pas d'âme distincte du corps ; et il n'y a pas non plus de volonté libre — pas plus d'ailleurs que de volonté non libre. Il y a seulement des volontés fortes qui se manifestent par des effets considérables et des volontés faibles dont l'action est moindre. Des jugements comme « l'éclair foudroie » ou « le puissant triomphe de ses adversaires » sont en réalité des tautologies : l'éclair n'est pas un être capable de foudroyer ou de ne pas foudroyer ; il n'est éclair que dans le moment où il foudroie ; de même la somme de forces qui se manifeste dans les actes d'un homme puissant n'existe que dans et par ces manifestations.

Or la conscience populaire, en vertu d'une hypothèse absolument arbitraire, a distingué l'être du phénomène, la volonté de ses manifestations. Elle a supposé derrière les actions humaines, derrière les effets visibles de la volonté de puissance, un être, une âme, cause de ces effets et cette âme a été conçue comme une entité libre de se manifester de telle manière qu'il lui plaisait, d'agir ainsi ou autrement. — Cette illusion du libre arbitre une fois créée et admise, l'esclave a pu — du moins en imagination — s'égaler au maître ou même le dépasser. Si la valeur d'un individu réside non dans la somme de forces dont il dispose, mais dans l'usage qu'il fait de son libre arbitre, rien n'empêche, en effet, le faible de l'emporter sur le fort, et cela en vertu du raisonnement suivant : le puissant agit en puissant, mais il a tort car il est « mauvais » d'agir en puissant ; le faible veut agir en faible (il ne pourrait d'ailleurs agir autrement) et il a raison, car il est « bien » d'agir en faible. Donc : le faible vaut mieux que le fort. — Et Nietzsche de décrire avec une verve étonnante l'opération mystérieuse et louche grâce à laquelle les esclaves gonflés de ressentiment arrivent à rapetisser en pensée les maîtres et à se transformer eux-mêmes en martyrs et en saints :

« Quelqu'un veut-il descendre dans le mystérieux abime où l'on voit comment *se fabrique un idéal* sur terre ! Qui se sent ce courage ?... Allons : d'ici le regard plonge sur ce sombre atelier. Attendez un peu, monsieur le téméraire : il faut que votre œil se fasse à ce jour faux et douteux... Voilà ! c'est bien ! Parlez à présent ! Que se passe-t-il là au fond. Dites ce que vous voyez, homme des périlleuses curiosités — c'est moi, maintenant, qui vous écoute.

« Je ne vois rien, mais je n'entends que mieux. Ce sont des murmures et des chuchotements qui s'échappent, mystérieux, sournois, discrets, de tous les coins et recoins. Il me semble qu'on ment ; une douceur mielleuse englue chaque son. La faiblesse doit être changée en un mérite par quelque tour de passe-passe, ce n'est pas douteux, — tout est bien comme vous le disiez. »

Et puis !

« Et l'impuissance qui ne peut réagir en « bonté », la bassesse apeurée en « humilité » ; la soumission à ceux qu'on hait en « obéissance » (elle s'adresse à un être qui, disent-ils, exige cette soumission — ils le nomment Dieu). La passivité des faibles, la lâcheté dont ils regorgent, la docilité qui reste à la porte et attend paisiblement, est baptisée d'un beau nom, la « patience » — qui passe sans doute, elle aussi, pour une vertu ; leur « je ne puis pas me venger » devient « je ne veux pas me venger », ou bien même « je leur pardonne » (« car *ils* ne savent pas ce qu'ils font — mais nous, nous savons ce qu'*ils* font ! »). — Ils parlent aussi « d'*aimer* leurs ennemis » — et ils en suent... »

Et puis !

« Ils sont misérables, cela ne fait pas un doute, tous ces trotte-menu et faux-monnayeurs, encore qu'ils se tiennent chaud l'un l'autre, — mais ils me disent que leur misère est le signe que Dieu les distingue et les choisit ; ne bat-on pas les chiens qu'on aime le mieux — ; peut-être cette misère n'est-elle qu'une préparation, un temps d'épreuve, une école... peut-être est-elle mieux encore : quelque chose, qui un jour sera pavé avec de formidables intérêts en or — non — en bonheur. Ils appellent cela la « félicité ».

Et puis !

« Maintenant ils me donnent à entendre qu'ils ne sont pas seulement meilleurs que les Puissants et les Maîtres de la terre dont ils doivent lécher les crachats (non par peur, oh non, pas du tout par peur, mais parce que Dieu ordonne de respecter toute autorité), — mais qu'ils sont aussi mieux lotis qu'eux, ou que, du moins, ils seront un jour mieux lotis qu'eux. Assez ! assez ! je n'y tiens plus. De l'air, de l'air ! Cette échoppe où l'on fabrique l'idéal — il me semble qu'elle pue le mensonge à plein nez.

— Non ! un moment encore ! Vous ne nous avez rien dit du chef-d'œuvre de ces nécromanciens qui savent muer toute noirceur en blancheur, lait et innocence : — N'avez-vous pas remarqué quel est leur raffinement suprême, leur tour de main le plus audacieux, le plus fou, le plus délié, le plus artificieux ? Faites attention ! Ces cloportes gonflés d'envie et de haine — que font-ils précisément de l'envie et de la haine ? Avez-vous entendu ces mots dans leur bouche ? Auriez-vous l'idée, à n'écouter que leurs discours, que vous êtes parmi les hommes du ressentiment ?…

« Je comprends, j'ouvre encore une fois mes oreilles (hélas ! et me bouche le nez). Maintenant seulement je saisis ce qu'ils disaient depuis longtemps déjà : « Nous, les Bons, nous sommes les Justes » ; ce qu'ils demandent, ils ne l'appellent pas la revanche, mais « le triomphe de la justice » ; ce qu'ils haïssent, ce n'est pas leur ennemi, non ! ils haïssent l'*iniquité*, l'*impiété ;* la foi qui les anime n'est pas l'espoir de la vengeance, l'ivresse de la douce vengeance (— « plus douce que le miel », disait déjà Homère), mais la « victoire de Dieu, du Dieu *juste* sur les impies » ; et ceux qu'ils aiment en ce monde ne sont pas leurs frères par la haine mais leurs « frères par l'amour », comme ils disent, tous les Bons et les Justes de cette terre. »

— Et comment nomment-ils cette fiction qui les console de toutes les souffrances de la vie — leur fantasmagorie d'une félicité future escomptée par avance ?

« Comment ? Entends-je bien ? Ils nomment cela : le « jugement dernier » ; et la venue de leur règne : le « royaume de Dieu » ; — *en attendant*, ils vivent « dans la foi », « dans l'amour », « dans l'espérance. » « — Assez ! assez ! »

Voilà donc constitué l'idéal de l'esclave et composée sa table des valeurs morales. Il vit, tant bien que mal, soutenu parles fictions consolantes qu'il a créées. Mais sur lui pèse toujours la dépression physiologique, la cause initiale de sa faiblesse. Il souffre, il s'impatiente de son mal. C'est ici qu'intervient le prêtre, non pour guérir le mal dont il est atteint, en s'attaquant directement, comme fait le médecin, à sa cause réelle et physique, — mais seulement pour faire oublier au patient la douleur qu'il ressent.

À cet effet, il use d'abord de narcotiques qui endorment la souffrance sans d'ailleurs porter le moins du monde remède au trouble physiologique dont elle découle. Il traite le malade par l'hypnotisme, il lui prescrit une hygiène qui tend à réduire sa vie animale et sa vie intellectuelle au strict minimum : grâce aux pratiques ascétiques, à la mortification de la chair, à « l'abêtissement » systématique, il finit par plonger son malade dans une sorte de torpeur physique et morale qui le rend moins sensible à la douleur, il parvient même, parfois, à l'insensibiliser presque complètement. Par cette médication il fait du dégénéré un fakir, un « saint ». — Dans un très grand nombre de cas le prêtre se borne, encore, à ordonner au patient qu'il soigne la pratique d'une activité machinale, régulière qui absorbe son attention, fait de lui une sorte d'automate et l'empêche de songer à soi. Ou bien encore il lui prescrit l'usage fréquent d'un petit plaisir facile à se procurer : « l'amour du prochain » sous toutes ses formes, telles que bienveillance, charité, assistance mutuelle, etc. Ou bien enfin il groupe en troupeau ses malades pour leur faire oublier par les mille menues distractions de la vie sociale leurs misères individuelles.

Mais à côté de ces moyens innocents, il use pour ses cures d'un remède aussi dangereux qu'efficace, d'un poison effroyable qui fait oublier aux malades leurs souffrances, mais qui ruine plus que jamais leur organisme. Ce poison, c'est le sentiment du *péché*.

La notion du péché a pour fondement naturel deux sentiments nés spontanément et en dehors de l'intervention du prêtre dans le cœur humain : la « mauvaise conscience » et la croyance d'une « dette » contractée par l'homme envers la divinité.

La mauvaise conscience est, selon Nietzsche, le résultat du malaise profond qui s'empara de l'homme quand, d'animal sauvage et solitaire qu'il était primitivement, il devint membre d'une société organisée, tête de bétail dans un troupeau. L'État est probablement, à l'origine, une effroyable tyrannie imposée à une race pacifique ou mal organisée par une bande d'hommes de proie, de puissants associés en vue du pillage et de la guerre. Brusquement les conditions d'existence des vaincus se trouvèrent bouleversées de fond en comble. Pour se guider dans la vie, ils ne purent plus suivre librement l'instinct naturel qui les gouvernait jusqu'alors : ils durent faire effort sur eux-mêmes pour se conduire avec prudence, pour comprimer leurs volontés quand elles risquaient de déplaire aux maîtres ; il leur fallut agir par raisonnement et réflexion. Mais les instincts sont une certaine somme de force qui se manifeste nécessairement par des effets. Si cette force est comprimée de telle sorte qu'elle ne peut plus se dépenser à l'*extérieur* par des réactions immédiates, elle se transformera en énergie latente et manifestera son existence par un travail *intérieur*. C'est par une métamorphose de ce genre qu'a pris naissance la « mauvaise conscience » : elle est le résultat de la compression que durent subir les instincts naturels de l'homme, à l'époque où il passa de l'état d'indépendance à l'état d'esclavage. Comme une bête fauve qui, rongée par la nostalgie de la vie libre et du désert, se meurtrit elle-même aux barreaux de sa cage, ainsi l'homme primitif, domestiqué, emprisonné, se fit souffrir lui-même. Entravé élans ses manifestations extérieures, son instinct de vie se traduisit par une sorte de fermentation interne. L'homme, désormais, eut une vie intérieure qui fit de lui un être infiniment plus intéressant que la brute triomphante — mais un malade.

Le sentiment d'une « dette » envers la divinité, d'autre part, est une des plus anciennes manifestations de l'esprit religieux. À l'époque primitive, en effet, chaque génération croyait qu'elle était redevable de sa prospérité présente aux générations précédentes, et que les ancêtres, devenus après leur mort des esprits puissants, continuaient à exercer une influence bienfaisante sur les destinées de leurs descendants. Mais tout service doit être payé ; les hommes eurent donc le sentiment qu'ils avaient contracté une dette envers leurs pères et qu'en échange de leur protection, ils leur devaient des sacrifices ; de là le culte des aïeux que l'on retrouve à l'origine de toutes les civilisations. Ce culte, cependant, se transforma peu à peu. La vénération que l'homme accordait originairement à toute la lignée de ses aïeux se concentra d'abord sur l'ancêtre primitif de la race ;

puis l'ancêtre à son tour fut élevé au rang d'un dieu, et ce dieu fut regardé comme d'autant plus puissant, d'autant plus redoutable que le peuple qui l'honorait était lui-même plus prospère. Et dans la même proportion où croissait la grandeur du dieu, devait s'accroître aussi le sentiment de la dette contractée à son égard, et, par suite aussi, la crainte de ne pas faire assez pour lui. En vertu de cette logique, le sentiment de dépendance de l'homme vis-à-vis de son Dieu acquit son maximum d'intensité quand le Dieu unique du christianisme eut vaincu tous les dieux païens et régna en maître absolu sur la plus grande partie de l'Europe. L'homme en vint à croire alors que cette dette était trop grande pour pouvoir jamais être payée, qu'il se trouvait à l'égard de Dieu dans la situation du débiteur insolvable vis-à-vis de son créancier, exposé par suite au plus terrible des châtiments. Dans son angoisse, l'homme chercha par tous les moyens à rejeter loin de lui la responsabilité de cette dette. Il s'en prit à son premier ancêtre qui aurait encouru la malédiction divine ; il inventa le « péché originel » et le dogme de la « prédestination » ; il incrimina la nature hors de lui, les instincts en lui, et les regarda comme la source du mal ; il maudit l'univers lui-même et aspira au néant ou à une autre vie ; finalement il donna au problème qui le tourmentait cette solution paradoxale : La dette contractée par l'homme envers Dieu est trop immense pour que l'homme puisse jamais l'acquitter. Dieu seul peut payer Dieu. Or, dans son amour pour l'homme, Dieu s'est immolé lui-même pour libérer son débiteur insolvable : il s'est fait homme, s'est offert en sacrifice, et par cet acte d'amour, il a racheté ceux d'entre les hommes qu'il juge dignes de sa grâce.

Que l'on fonde maintenant, en imagination, cette notion tragique d'une dette envers la divinité avec le sentiment de la « mauvaise conscience » et l'on aura le « péché ». L'homme qui a « mauvaise conscience » éprouve un besoin maladif de se faire souffrir. Il ne se rend pas compte, bien entendu, que ce besoin a pour cause réelle la compression violente et soudaine de sa volonté de puissance, de ses instincts naturels. Mais il sait, d'autre part, qu'il a contracté envers la divinité une dette formidable qu'il est hors d'état de payer. Et tout naturellement cette dette lui apparaît comme la raison d'être des souffrances qu'il s'inflige : il veut, par ces souffrances apaiser son créancier irrité, expier son « péché ». Le voilà désormais acharné à se torturer pour s'acquitter d'une dette qu'il croit infinie, réclamant de la souffrance, toujours plus de souffrance pour assouvir cet inextinguible désir d'expiation qu'il porte en lui.

Cette notion du péché, une fois constituée, devint l'instrument de la domination du prêtre sur les âmes. C'est par elle qu'il eut prise sur la foule des malheureux et qu'il mit la main sur toutes les brebis souffreteuses qu'il rencontrait sur son chemin. Il s'en alla vers les dégénérés qui, travaillés par un mal physique dont ils ignoraient la nature, cherchaient anxieusement la cause ou, mieux encore, l'auteur responsable de la dépression où ils se sentaient plongés. Et il persuada à tous ces misérables qu'ils étaient eux-mêmes la cause véritable de leurs souffrances ; que ces souffrances devaient être regardées comme une faible expiation des « péchés » dont ils étaient coupables, qu'ils devaient par conséquent les accepter non pas seulement avec résignation mais avec joie, comme une épreuve envoyée par Dieu. Les infortunés le crurent : ils acceptèrent, dans leur détresse, l'explication qu'il proposait de leur souffrance ; ils se laissèrent docilement inoculer le poison effroyable de la croyance au péché. Et pendant une longue suite de siècles ce fut, à travers l'Europe, une théorie lugubre de « pécheurs » pénitents, qui s'acheminaient vers la mort à travers un long martyre, le corps malade, les nerfs détraqués, l'âme affolée, en proie à des crises de désespoir ou à des extases délirantes, assoiffés de tortures, hantés par l'idée fixe du péché et de la damnation éternelle.

Ce qui caractérise somme toute le christianisme, d'après Nietzsche, c'est que comme religion et comme idéal moral il aboutit au *nihilisme*. Il a créé tout un monde de pures fictions : il a imaginé des causes fictives, « Dieu », « l'âme », « l'esprit », le « libre arbitre » — et des effets fictifs, le « péché », la « grâce », — des relations entre des êtres imaginaires, « Dieu », les « esprits », les « âmes » — ; il a inventé une science naturelle fictive fondée sur la méconnaissance des causes naturelles, une psychologie fictive basée sur une fausse interprétation des phénomènes physiologiques (par exemple la souffrance expliquée comme conséquence du péché), une téléologie fictive, le « règne de Dieu », la « vie éternelle ». En même temps que le chrétien construisait son monde imaginaire, il maudissait l'univers réel, il opposait la a nature » source de tout mal, à « Dieu », source de tout bien.

L'origine de l'illusion chrétienne apparaît donc clairement : elle est née de la haine de la réalité ; elle est le produit d'une humanité dégénérée où la somme de douleur l'emporte sur la somme de joie, d'une humanité lassée et souffrante qui incline vers le pessimisme, vers la négation de la vie, qui aspire à rentrer dans le néant.

IV

Le grand fait de l'histoire européenne c'est le triomphe, aujourd'hui à peu près général, de la morale d'esclaves sur la morale de maîtres : presque partout l'homme moderne accepte la table des valeurs créée par le ressentiment des esclaves, le détraquement physiologique et psychologique des dégénérés et le mensonge conscient ou inconscient de leurs chefs naturels, les prêtres ascétiques. — Pendant deux mille ans une lutte acharnée s'est livrée entre Rome, l'héritière de la tradition grecque et de son idéal aristocratique, le berceau de la race la plus forte et la plus noble qui ait jamais vécu sous le soleil, et la Judée, la terre du ressentiment et de la haine, la patrie de l'esprit sacerdotal… La Judée a vaincu. La Renaissance arrêtée dans son essor par Luther et le protestantisme ; l'idéal français, aristocratique et classique sombrant, après deux siècles de grandeur, dans la tourmente sanglante de la Révolution ; Napoléon, type unique, surhumain et peut-être inhumain du dominateur, vaincu par la Sainte-Alliance : voilà les étapes successives qui ont conduit à la victoire l'idéal d'esclaves. — Aujourd'hui l'Europe est en pleine décadence : partout apparaissent des symptômes irrécusables d'une diminution de la vitalité. On peut craindre de voir la race humaine cesser de grandir et s'enliser peu à peu dans une ignominieuse médiocrité.

C'est la morale d'esclave, d'abord, qui domine aujourd'hui la conscience moderne sous le nom pompeux de « religion de la souffrance humaine ». Voyons d'un peu plus près la réalité qui se cache sous ce mot.

L'analyse psychologique de la pitié nous révèle d'abord que ce sentiment si fort vanté par les moralistes d'aujourd'hui n'est ni aussi désintéressé ni aussi admirable qu'on veut bien le dire. Il entre en effet dans la pitié une dose assez forte de plaisir très égoïste. Nous faisons aux autres du bien comme nous leur faisons du mal, uniquement pour nous donner le sentiment de notre puissance, pour les soumettre en quelque manière à notre domination. L'homme fort et noble d'instincts cherche son égal pour lutter avec lui, pour lui faire courber par la force le front devant sa puissance ; il méprise par contre les proies trop faciles et écarte dédaigneusement de lui ceux qu'il ne trouve pas dignes d'être ses adversaires. Le faible, au contraire, se contentera de proies médiocres et de triomphes aisés ; or un malade, un malheureux n'est pas bien redoutable ; de plus l'homme accepte toujours plus volontiers un bienfait qu'une douleur : le miséricordieux est donc sûr de rencontrer un minimum de résistance, de remporter un succès sans le moindre danger pour lui. La pitié est donc une vertu d'âmes médiocres et qui est sans inconvénients quand elle s'exerce sur des âmes médiocres elles aussi. Elle devient par contre un manque d'égards, presque une vilenie, dès qu'elle s'adresse à une âme noble. L'âme noble dissimule ses chagrins, ses souffrances, ses infirmités ; elle se défend contre la bonne volonté comme contre la mauvaise volonté ; l'homme souffrant, disgracié, hideux a donc le droit de haïr les témoins indiscrets de sa misère et de sa laideur, ceux qui ne rougissent pas de regarder ce qui devait rester caché à tous les yeux et accablent un malheureux d'une pitié qu'il n'a pas demandée.

Mais il y a plus : la pitié n'est pas seulement un sentiment peu intéressant ; elle est aussi un sentiment déprimant. Supposons un instant la religion de la souffrance humaine généralisée parmi les hommes. Qu'arrivera-t-il ? La somme totale de souffrance, loin d'avoir diminué, se trouvera augmentée, chacun, outre ses maux personnels, devant prendre sa part des maux d'autrui. La pitié est ainsi un principe affaiblissant pour l'instinct vital : elle aggrave la déperdition de forces qu'occasionne déjà la souffrance ; elle rend la douleur contagieuse.

Un inconvénient plus grave encore de la religion de la pitié c'est quelle contrarie l'action normale de la loi de sélection qui tend à faire disparaître les êtres mal conformés et qui par suite ont peu de chances de sortir victorieux du combat pour l'existence. Toute religion de la pitié, comme par exemple le christianisme, tend à protéger l'existence des dégénérés. C'est là d'ailleurs la cause principale du succès que ces religions ont obtenu de tout temps : les faibles et les malades sont en effet légion tandis que l'homme parfaitement sain et bien réussi sous tous les rapports constitue une exception. Dans toutes les espèces animales supérieures on constate une majorité d'individus mal venus, dégénérés, fatalement voués à la souffrance. L'espèce humaine ne fait pas exception à cette règle, bien au contraire. L'homme constituant dans l'échelle des êtres un type supérieur et surtout perfectible, qui est susceptible de varier, qui n'a pas encore atteint sa forme immuable et définitive, il est tout particulièrement exposé aux accidents et la proportion des déchets par rapport aux exemplaires réussis est encore plus forte que chez les autres animaux. La religion de la pitié a l'immense inconvénient de prolonger une foule d'existences inutiles, condamnées par la loi de sélection : elle conserve, elle multiplie la misère dans ce monde ; elle rend par conséquent l'univers plus laid, la vie plus digne d'être « niée » ; elle est une forme pratique du nihilisme. Elle est une menace pour l'existence et la santé morale des beaux exemplaires d'humanité. La vue de la misère, de la souffrance, de la difformité, de la laideur est le pire des dangers pour l'homme supérieur : elle le conduit à la négation de la vie soit par excès de dégoût soit par excès de compassion. La pitié peut devenir une maladie dévastatrice qui ruine de fond en comble une nature généreuse lorsqu'elle n'a pas la dureté voulue pour lui résister. Le christianisme et la religion de la pitié ont efficacement contribué à la dégradation de la race européenne et entravé la production d'hommes supérieurs, l'évolution de l'humanité vers le Surhomme.

Si maintenant nous considérons la religion de la souffrance non plus dans ses conséquences mais à titre de symptôme, nous voyons immédiatement ce qu'elle signifie. Ce grand débordement de pitié auquel nous assistons de nos jours est un indice manifeste que l'homme a de plus en plus peur, aujourd'hui, de la souffrance ; qu'il s'est amolli, efféminé ; que, dominé par l'instinct de la bête de troupeau il redoute toujours plus ce qui pourrait troubler sa sécurité et son bien-être. Non seulement il fuit la souffrance pour lui, mais il ne supporte même plus l'idée de la souffrance chez les autres ; bien plus, il n'ose même plus faire souffrir au nom de la justice — ceci, bien entendu, uniquement par faiblesse de caractère et non point du tout par magnanimité ou dédain généreux du tort causé. Le miséricordieux étend sa pitié jusque sur les criminels et sur les malfaiteurs. « Il vient un moment, dans la vie des peuples, où la société est aveulie, énervée au point de prendre parti même pour l'individu qui la lèse, pour le criminel — et cela le plus sérieusement du monde. Punir ! le fait même de punir lui paraît contenir quelque chose d'inique ; — il est certain que l'idée de « châtiment » et de la « nécessité de châtier » lui fait mal, lui fait peur : est-ce qu'il ne suffirait pas de mettre le malfaiteur hors d'état de nuire ? Pourquoi donc punir !... punir est si pénible » — L'idéal vers lequel tend la bête de troupeau c'est une petite part de bonheur assuré pour chacun avec un minimum de souffrance ; la douleur est considérée comme « quelque chose qu'on doit abolir ». Or Nietzsche — et c'est peut-être là un des plus beaux côtés de sa doctrine — est persuadé que la lâcheté, la peur de la souffrance est une des choses les plus méprisables au monde. La souffrance est en effet la grande éducatrice de l'humanité, c'est elle qui lui a conféré ses plus beaux titres de noblesse : « Vous voudriez si possible — et ce « si possible » est la plus insigne folie — abolir la souffrance. Et nous ? — nous voulons, semble-t-il, la vie plus dure, plus mauvaise qu'elle ne l'a jamais été ! Le bien-être tel que vous le comprenez — mais ce n'est pas un but, c'est, pour nous une *fin ;* — un état qui ferait aussitôt de l'homme un objet de risée et de mépris, qui rendrait sa disparition souhaitable ! C'est à l'école de la souffrance, de la *grande* souffrance — ne le savez-vous donc pas ? — c'est sous ce dur maître seulement que l'homme a accompli tous ses progrès, Cette tension de l'âme qui sous le poids du malheur se raidit et apprend à devenir forte, ce frisson qui la saisit en face des grandes catastrophes, son ingéniosité et sa vaillance à supporter, à endurer, à interpréter, à utiliser l'infortune, et tout ce qui lui fut jamais donné de profondeur, de mystère, de dissimulation, de sagesse, de ruse, de grandeur : — tout cela ne l'a-t-elle pas acquis à l'école de la souffrance, formée et façonnée par la grande souffrance. Il y a dans l'homme une *créature* et un *créateur :* il y a dans l'homme quelque chose qui est matière, fragment, superflu, argile, boue, non-sens, chaos ; mais dans l'homme il y a aussi quelque chose qui est créateur, sculpteur, dureté de marteau, contemplation d'artiste, allégresse du septième jour : — comprenez-vous cette opposition ? Et aussi que *votre* pitié va à l'homme-*créature*, à ce qui doit être taillé, brisé, forgé, déchiré, brûlé, passé au feu, purifié — à tout ce qui *nécessairement* doit souffrir, est fait pour souffrir ? — Et *notre* pitié — ne comprenez-vous pas à qui elle va, inversement, notre pitié à nous, quand elle se met en garde contre votre pitié comme contre la pire des faiblesses et des lâchetés ? — Ainsi donc : pitié *contre* pitié. »

Un autre symptôme grave de décadence c'est le triomphe à peu près général, en Europe, de l'idéal démocratique. Malgré l'opposition apparente que l'on peut constater entre cet idéal et l'idéal chrétien et religieux, ils sont en réalité identiques par leurs tendances essentielles. Dans le christianisme, dans la religion de la souffrance humaine comme dans le culte de l'égalité on retrouve les mêmes traits principaux : la haine du faible contre le puissant et l'aspiration vers une vie exempte de souffrances. Le christianisme fait tous les hommes égaux devant Dieu et leur promet un bonheur parfait par delà le tombeau. Le démocrate veut tous les hommes égaux devant la loi et les incite à réaliser sur terre leur rêve de félicité parfaite. Il aspire à créer une société d'où l'inégalité serait bannie, où tous les hommes auraient les mêmes droits, les mêmes devoirs et une part égale de bonheur, où il n'y aurait plus de hiérarchie, où nul n'aurait plus ni à obéir ni à commander, où il n'y aurait plus ni maîtres ni esclaves, ni riches ni pauvres, mais une masse amorphe de « citoyens » tous pareils. C'est là l'idéal vers lequel tendent tous les démocrates, quelle que soit leur étiquette, qu'ils s'intitulent républicains, socialistes ou anarchistes. Ils sont tous d'accord pour repousser toute autorité supérieure, pour ne vouloir « ni Dieu ni maître », pour proscrire tout privilège ; — les anarchistes, sous ce rapport, se montrent simplement plus logiques que les socialistes et plus pressés qu'eux d'atteindre le but. Tous fraternisent dans une commune aversion pour la justice qui châtie et inclinent à regarder toute punition comme une iniquité. Ils communient dans la religion de la pitié, dans l'horreur de toute douleur, dans la conviction que la souffrance doit être abolie. Ils ont tous la foi dans le troupeau « en soi » ; ils croient que chaque individu peut et doit trouver son bonheur particulier dans le bonheur du corps social tout entier et que ce bonheur social peut être atteint par la pitié de chacun envers tous et par la fraternité universelle. Ces idées se sont implantées si profondément dans la conscience moderne, que l'Europe ne produit déjà presque plus d'hommes ayant l'instinct de la domination à un degré éminent. Un caractère de maître authentique comme celui de Napoléon est une exception infiniment rare à notre époque et a suscité un enthousiasme immense parmi l'humanité qui se tourne toujours instinctivement vers les chefs véritablement aptes à la commander. En règle générale ceux qui gouvernent aujourd'hui, n'exercent le pouvoir qu'avec une sorte de remords intime, tant les valeurs de la morale d'esclave sont universellement admises. Pour se défendre de leur mauvaise conscience, ils ont recours à d'hypocrites sophismes et cherchent à mettre leur situation privilégiée d'accord avec les préceptes de la morale régnante : ils se regardent comme les exécuteurs d'ordres émanés d'une puissance supérieure (la tradition, la loi, Dieu), comme les « premiers serviteurs du pays » ou les « instruments du bien commun ».

Le même instinct niveleur se montre aussi dans la manière dont l'Européen d'aujourd'hui envisage les rapports de l'homme et de la femme.

Nietzsche regarde comme une loi nécessaire l'inégalité naturelle des sexes — inégalité qui a sa raison d'être, selon lui, dans ce fait que l'amour n'a pas la même importance pour l'homme que pour la femme. Il n'est, en effet, dans la vie de l'homme, qu'un simple épisode. Chez lui, l'instinct le plus fort c'est le désir de puissance, la volonté d'étendre toujours plus loin sa domination. La lutte incessante contre les forces de la nature et contre les volontés rivales des autres hommes, l'affirmation constante de sa personnalité, telle est la grande tâche qui demande son temps et ses efforts. S'il s'adonnait uniquement à l'amour, s'il consacrait toute sa vie, toutes ses pensées, toute son activité à la femme aimée, il ne serait plus qu'un esclave et un lâche, indigne du nom d'homme et de l'amour d'une vraie femme. L'amour et l'enfant sont tout, au contraire, dans la vie de la femme. « Tout dans la vie de la femme est énigme, enseigne Zarathustra, et tout dans la femme a une solution qui a nom : Enfantement. » L'amour est donc l'événement décisif de son existence. À l'inverse de l'homme, elle doit mettre son honneur et sa gloire à être « la première en amour », à se donner tout entière, sans réserve, corps et âme au maître qu'elle a choisi. C'est dans cette abdication de sa volonté propre qu'elle doit chercher son bonheur, et elle est d'autant plus admirable, d'autant plus parfaite que ce don de soi-même est plus complet, plus définitif. « Le bonheur de l'homme, dit encore Zarathustra, a nom : je veux. Le bonheur de la femme a nom : il veut. » La femme qui aime doit se donner entièrement à l'homme qui à son tour doit accepter virilement ce don : ainsi le veut la loi d'amour, loi tragique et douloureuse parfois, et qui met entre les deux sexes un irréductible antagonisme. La femme est faite pour aimer et obéir, mais malheur à elle si l'homme, soit lassitude, soit inconstance, vient à se dégoûter de sa conquête, à trouver médiocre le don qui lui a été fait, et s'en va courir vers de nouvelles amours ! L'homme doit dominer et protéger ; il doit être assez riche et puissant pour vivre en quelque sorte deux vies, pour conquérir sa part de bonheur à lui, et aussi pour fournir de bonheur celle qui a mis en lui son espoir ; mais malheur à lui s'il reste au-dessous de cette lourde tâche, si, ayant su se faire aimer, il n'a pas la force nécessaire pour alimenter la flamme de cet amour ; l'amour déçu se change en mépris, et la femme voue une haine implacable et sans merci à l'homme qu'elle juge indigne d'elle, qu'elle accuse de lui avoir fait manquer sa destinée.

L'époque moderne n'accepte pas plus volontiers cet antagonisme naturel de l'homme et de la femme qu'elle n'accepte l'opposition non moins naturelle du maître et de l'esclave. Et de même qu'elle a essayé de glorifier l'esclave, elle a tenté aussi de diviniser la femme. Or Nietzsche est fort loin de tenir pour légitime le culte de « l'éternel féminin », de voir dans la femme une créature d'essence supérieure, aux instincts plus raffinés, au sens moral plus délicat et plus sûr, capable de guider l'humanité vers ses plus hautes destinées. C'est à l'homme qu'appartient selon lui, le premier rôle ; c'est l'homme qui doit être le maître et le maître redouté. À lui la force physique plus grande, et la raison supérieure, et le cœur plus généreux, et la volonté constante et énergique. La femme est « avisée » : elle possède, à un plus haut degré que l'homme, une certaine raison pratique qui lui permet d'apprécier les choses telles qu'elles se présentent et de discerner rapidement les moyens les plus sûrs pour atteindre un but donné. Mais sa nature est moins riche et moins profonde que celle de l'homme ; elle reste le plus souvent à la surface des choses ; elle est futile, parfois mesquine et pédante. « L'homme doit être élevé pour la guerre, enseigne Zarathustra, et la femme pour le délassement du guerrier : tout le reste est folie. » La femme n'est pas une idole, elle n'est qu'un jouet fragile et précieux, mais dangereux aussi, ce qui pour une nature virile est un charme de plus. Elle est redoutable dès que la passion l'enflamme — l'amour ou la haine, — car elle a conservé mieux que l'homme la sauvagerie primitive des instincts ; on trouve chez elle la souplesse rusée du félin, la griffe du tigre qui se fait sentir tout à coup sous la patte de velours, l'égoïsme naïf, la nature indisciplinable et rebelle, l'étrangeté déconcertante et illogique des passions et des désirs. Et c'est pourquoi elle a besoin d'un maître fort, capable de la guider et au besoin de réprimer ses incartades. Mais si elle inspire la crainte, elle sait aussi charmer par sa grâce frêle et délicate, par le don de se parer, de revêtir au physique et au moral mille formes différentes ; et surtout elle inspire de la pitié, beaucoup de pitié, car elle semble plus exposée à la souffrance, plus facile à blesser, elle a besoin de plus d'amour, elle est condamnée à plus de désillusions que les autres créatures.

Ce n'est d'ailleurs pas la femme idole qui excite le plus la colère de Nietzsche. Celle qu'il exècre surtout et qu'il poursuit de ses sarcasmes les plus féroces, c'est la femme « émancipée », qui a perdu la crainte et le respect de l'homme, qui n'entend plus se donner, mais prétend traiter avec lui d'égal à égal, qui ressent presque comme une injure les hommages et les ménagements du sexe fort envers les faibles femmes et veut concourir avec lui dans la lutte pour la vie. Rien ne lui est si odieux que le bas-bleu pédant qui a la prétention de se mêler de littérature, de science ou de politique, si ce n'est la femme « commis » qui, dans la société moderne où l'esprit industriel l'a emporté sur l'esprit aristocratique et guerrier, aspire à l'indépendance juridique et économique, proteste à grand fracas contre l'esclavage où elle est tenue, et organise de bruyantes campagnes pour obtenir des droits égaux à ceux de l'homme. Nietzsche avertit les femmes qu'elles font fausse route en voulant rivaliser avec les hommes, qu'elles sont en train de perdre leur influence, de se diminuer elles-mêmes dans l'estime publique. Leur intérêt est d'apparaître aux hommes comme des créatures d'une essence très différente, lointaines et inaccessibles, difficiles à comprendre et à gouverner, vaguement redoutables et aussi très fragiles, dignes de pitié, exigeant d'infinis ménagements. Et les voilà qui d'elles-mêmes se dépouillent de cette auréole de mystère, qui désapprennent la pudeur féminine prête à s'émouvoir au contact de toute réalité laide ou vulgaire, qui se mêlent volontairement à la multitude et prétendent jouer du coude, elles aussi, se frayer leur chemin à travers la cohue des appétits égoïstes. La femme se dépoétise ! Et en même temps, sous prétexte de culture artistique, elle se détraque les nerfs — surtout par l'abus de la musique wagnérienne — et devient ainsi impropre à sa vocation naturelle, qui est de mettre au monde de beaux enfants.

Somme toute l'Europe s'enlaidit. Elle tend à se transformer en un vaste lazareth ou grouille, sans grandes douleurs mais aussi sans grandes joies, une multitude inintéressante d'hommes égaux dans la médiocrité et dans l'impuissance, et qui traînent sur la terre une vie morue, sans espérances et sans but.

« Voyez ! enseigne Zaralhustra, je vous montre le dernier homme.

« Qu'est-ce que l'amour ? la création ? le désir ? Qu'est-ce que l'étoile ? » — Ainsi demande le dernier homme et il clignote.

La terre est devenue petite et sur elle sautille le dernier homme qui rapetisse tout. Sa race est indestructible comme le puceron ; le dernier homme vit le plus longtemps.

« Nous avons découvert le bonheur, » — disent les derniers hommes et ils clignotent.

Ils ont délaissé les contrées où l'on vit durement : car on a besoin de chaleur. On aime aussi le voisin et l'on se frotte contre lui : car on a besoin de chaleur.

Tomber malade et être déliant est pour eux un péché : on marche avec précautions. Bien fou qui trébuche sur les pierres ou sur les gens.

Un peu de poison de temps à autre : cela procure de beaux rêves. Et beaucoup de poison pour finir, afin de mourir agréablement.

On travaille encore, car le travail est une distraction. Mais L'on veille à ce que cette distraction ne devienne pas un effort.

On ne veut plus ni pauvreté ni richesse : l'une et l'autre donnent trop de souci. Qui voudrait encore commander ? Et qui obéir ? L'un et l'autre donnent trop de souci.

Pas de berger et un seul troupeau ! Chacun veut la même chose. Tous sont égaux : qui pense autrement, entre volontairement à l'asile d'aliénés…

« Nous avons découvert le bonheur, » disent les derniers hommes et ils clignotent.

V

La morale d'esclave, l'idéal ascétique, la domination du prêtre reposent l'un comme l'autre sur un ensemble véritablement grandiose, d'ailleurs, de mensonges. Ce n'est pas que Nietzsche voie dans ce fait une réfutation du christianisme — car la vérité elle-même n'est pas pour lui une valeur absolue ; mais il y voit un danger, une chance de destruction. Le troupeau des dégénérés et son conducteur le prêtre ascétique sont obligés de fermer les yeux à l'évidence même des faits pour maintenir contre les démentis répétés de la réalité et de l'expérience leur table de valeurs erronée et leur interprétation fantastique de l'univers. Si le malade prenait conscience de son état véritable, s'il apprenait à connaître ouest la santé, s'il s'apercevait que toute la médication du prêtre consiste à lui faire prendre le change sur le mal réel dont il souffre en provoquant chez lui une excitation artificielle qui aggrave en réalité ce mal au lieu de le guérir — tout l'édifice du christianisme s'écroulerait aussitôt. Le dégénéré chercherait un soulagement effectif soit auprès du médecin, soit dans les bras de la mort. Or le prêtre pressent instinctivement ce danger. C'est pourquoi aussi il cherche toujours à entretenir parmi les fidèles la « foi », c'est-à-dire la conviction irraisonnée, instinctive, qui ne tient pas compte de la réalité des faits. Cette foi n'est pas autre chose, au fond, que la volonté de maintenir à tout prix une illusion que l'on croit nécessaire à la vie ; c'est la crainte que la vérité ne soit peut-être *mauvaise* et qu'elle ne soit révélée à l'homme avant qu'il soit assez fort pour pouvoir la supporter. À toute époque le prêtre a donc considéré comme sa plus mortelle ennemie la sagesse laïque, la science positive qui prétend étudier le monde en dehors de toute foi religieuse ; tous les moyens lui ont été bons pour empêcher l'homme de se placer en face des choses sans parti pris, de laisser agir sur lui la réalité sans la déformer, d'être loyal et sincère vis-à-vis de lui-même. Et c'est là ce que Nietzsche ne lui pardonne pas. Si l'on veut comprendre quelque chose à l'âpre accent de haine qui éclate à chaque page de l'*Antichrétien* et ne pas se contenter de voir dans les invectives virulentes de ce réquisitoire passionné un symptôme de folie naissante (ce qui est une manière commode, mais peut-être un peu sommaire de se débarrasser d'un problème embarrassant), il faut se rendre compte à quel point l'esprit du christianisme tel qu'il le définissait devait froisser Nietzsche dans ses instincts les plus profonds. Il l'absout volontiers pour toutes les souffrances qu'il a causées à l'humanité ; qu'importe en effet que l'homme souffre si la douleur l'anoblit ; or il est certain que la foi religieuse a façonné des âmes singulièrement intéressantes. Nietzsche ne fait aucune difficulté pour reconnaître que, prise dans son ensemble, la Révolte des esclaves en morale a prodigieusement enrichi le type humain et reste le fait le plus considérable, le drame le plus poignant de l'histoire universelle. Il admire même volontiers la grandiose logique dans le mensonge du prêtre chrétien et l'incroyable dose d'énergie qu'il a dû dépenser pour maintenir pendant deux mille ans une table des valeurs imaginaire ; il l'admirerait davantage encore s'il croyait reconnaître en lui une volonté perverse mais consciente d'elle-même, sans illusions sur le but qu'elle poursuit et sur la nature des moyens qu'elle emploie. Mais ce qui révoltait Nietzsche, ce qui lui soulevait le cœur dès qu'il considérait l'image qu'il s'était faite du christianisme, c'est toute cette ambiance d'insincérité qui l'enveloppe, ce mélange louche de fourberie et d'aveuglement, cette innocence mensongère qui caractérise, selon lui, les hommes de foi. Les instincts les plus profonds de sa nature d'aristocrate, sa conscience intraitable, son amour de la « propreté » physique et morale, sa vaillance à aller jusqu'au bout de ses idées, se soulevaient contre cette duplicité. Il se détournait avec un intense dégoût de ces hommes chez qui l'illusion volontaire est devenue à tel point partie intégrante de l'existence, qu'ils ne savent plus eux-mêmes quand ils trompent et quand ils sont sincères, qui en arrivent à mentir en toute innocence, sans mauvaise conscience, prisonniers volontaires ou même le plus souvent involontaires de l'illusion dont ils vivent. Et il déclarait solennellement le christianisme coupable d'avoir souillé vicié, empoisonné l'atmosphère intellectuelle et morale de l'Europe entière.

Tous les efforts de l'Église n'ont pu empêcher, cependant, les sciences de se développer, la pensée humaine de contempler face à face la réalité des faits. Il y a aujourd'hui, de par l'Europe, une phalange nombreuse de savants, presque tous matérialistes, positivistes, athées, qui vivent en dehors de toute croyance, qui traitent même souvent avec le plus dédaigneux mépris l'instinct religieux. Ce sont là, semble-t-il au premier abord, les adversaires naturels de la domination du prêtre. Comment se fait-il, dès lors, que leur conception de la vie, fondée sur l'observation de la réalité, n'ait pas, depuis longtemps, mis fin à l'illusion chrétienne ? Comment les amis de la nature, de la vie, de la santé n'ont-ils pas réussi à empêcher le triomphe à peu près général des valeurs fixées par le christianisme ?

La réponse de Nietzsche est ingénieuse et originale. Les hommes de science, dit-il, ne croient pas à la science, et par conséquent n'opposent pas à l'idéal religieux un autre idéal ; — ou s'ils croient à la science et proposent une solution au problème de la vie, c'est qu'ils empruntent les éléments de cette solution à l'idéal ascétique. En d'autres termes : les hommes de science sont ou des manœuvres médiocres, incapables de créer une nouvelle table de valeurs ou des ascètes raffinés et sublimés dont l'idéal ne diffère pas, au fond, de celui des prêtres.

Voici d'abord le savant « commun », l'honnête ouvrier de la science. Nietzsche le compare irrévérencieusement à une vieille fille : n'est-il pas, comme elle, infécond, très honorable, légèrement ridicule et, au fond, peu satisfait de son sort ! « Voyons d'un peu plus près, ajoute-t-il, ce qu'est l'homme de science. Il appartient d'abord à une race d'hommes non noble, possédant les vertus des races non nobles, c'est-à-dire des races qui ne commandent pas, qui n'ont pas d'autorité et qui ne se suffisent pas à elles-mêmes. Il est travailleur, docile à se laisser enrégimenter ; il est pondéré et moyen dans ces capacités comme dans ses besoins ; il devine d'instinct ses pareils et a le sens de ce qui est nécessaire à ses pareils : par exemple le petit coin d'indépendance et de pré vert sans lequel il n'est point de tranquillité dans le travail, le tribut nécessaire d'honneurs et d'approbation…, le rayon de soleil du bon renom, la consécration perpétuelle de sa valeur et de son utilité, indispensable pour vaincre à tout instant cette défiance intime de soi qui gîte au fond du cœur de tous les hommes dépendants et « bêtes de troupeau ». Le savant a, comme de juste, aussi, les maladies et les défauts d'une race non noble : il est tout gonflé de mesquine envie et il a un œil de lynx pour découvrir tout ce qu'il y a de bas dans les natures dont la grandeur lui est inaccessible... Ce qui peut, surtout, rendre un savant méchant et dangereux, c'est la conscience intime qu'il a de la médiocrité de sa race, c'est ce jésuitisme de la médiocrité, qui travaille instinctivement à l'anéantissement de l'homme d'exception, et qui cherche toujours à briser tout arc tendu — ou mieux encore à le détendre — le détendre bien entendu avec égards, d'une main pleine de sollicitude, avec une pitié insinuante — mais le détendre : c'est l'art particulier du jésuitisme, qui a toujours su prendre les dehors de la religion de la pitié. » Sans doute le savant est absolument détaché, en général, de toute croyance positive ; le savant allemand, surtout, a même de la peine à prendre au sérieux le problème religieux ; il incline vers une pitié un peu méprisante pour la religion et ressent une instinctive répulsion pour l'insincérité intellectuelle qu'il présuppose chez tout croyant ; ce n'est que par l'étude de l'histoire qu'il parvient à s'élever jusqu'à une sorte de respect nuancé de crainte ou de reconnaissance pour l'œuvre accomplie par l'homme religieux. Mais cette estime reste purement intellectuelle ; par son instinct même il est à mille lieues de sympathiser avec lui et, pratiquement, il fuira tout contact avec lui et ses pareils. En son âme et conscience il est imbu de l'idée que l'homme de foi est un type « inférieur » d'humanité, que l'homme de science le dépasse infiniment. Et pourtant quelle n'est pas son erreur ! Quel abîme sépare le bel exemplaire d'homme religieux — l'homme de grande volonté, malade il est vrai, mais luttant victorieusement, à force de volonté, contre la maladie, créateur de valeurs, sûr du but vers lequel il tend — d'avec ce brave homme de savant, ce « pygmée présomptueux » qui n'a foi ni en lui ni même en la science, qui travaille machinalement, mécaniquement, pour s'étourdir, pour s'empêcher de penser, pour écarter de lui les problèmes incommodes —, bon manœuvre assurément, et utile à la façon du laboureur, du maçon ou du menuisier, mais foncièrement médiocre, fait pour être dirigé, pour être commandé, mais incapable, profondément incapable de créer une valeur nouvelle, de vouloir longtemps et fortement une volonté…

Supposons même ce type moyen porté à son extrême perfection, supposons réalisé l'homme *objectif* en qui s'épanouit complètement, sans tare aucune, l'instinct scientifique le plus pur ; dans ce cas même qu'aurons-nous obtenu ? Rien de plus qu'un *miroir*, c'est-à-dire un instrument et non pas une volonté. « L'homme objectif, dit Nietzsche, est un miroir. Toujours prêt à prendre l'empreinte de tout ce qui veut être connu, ignorant toutes les joies autres que celle de connaître, de « refléter », — il attend jusqu'à ce que quelque chose se présente ; alors il se déploie en une surface unie et sensible, de telle sorte que les pas les plus légers, le glissement même d'un fantôme, ne puissent manquer de faire impression sur cet épiderme délicat. Ce qui reste en lui de « personnalité » lui semble fortuit, souvent arbitraire, encore plus souvent incommode : tant il s'est habitué à n'être plus qu'un lieu de passage où se mirent des formes et des choses étrangères... Il n'a plus la volonté, ni le temps de s'occuper de lui-même : il est serein, non pas faute de peines, mais parce qu'il ne sait ni toucher du doigt ni manier ses peines personnelles... Veut-on obtenir de lui de l'amour ou de la haine, j'entends de l'amour et de la haine tels que le comprennent Dieu, les femmes et les bêtes — : il fait ce qu'il peut, il donne ce qu'il peut. Mais ne vous étonnez pas si ce n'est pas grand'chose et si, précisément sous ce rapport, il se montre « mauvais teint », fragile, problématique et inconsistant. Son amour est voulu, sa haine est un produit artificiel, un « tour d'adresse », quelque chose d'un peu vain et d'exagéré. Il n'est « bon teint » que dans la mesure où il peut être objectif : ce n'est que dans son universalisme serein qu'il est encore « nature » et « naturel ». Son âme perpétuellement unie et lisse ne sait plus dire « oui » ni « non » ; il ne commande pas, il ne détruit pas non plus : « *Je ne méprise presque rien*, » dit-il avec Leibniz... » Somme toute, l'homme objectif n'est, lui aussi, qu'un instrument — un instrument de précision, rare, délicat, très altérable, très précieux — mais, comme le manœuvre de la science, « une façon d'esclave » ; car il lui faut un maître pour l'utiliser dans un but donné. Par lui-même il n'est rien, « presque rien » ; il n'est pas le but vers lequel tend l'humanité, il n'est pas non plus le point initial d'un mouvement nouveau, il n'est pas une cause première, il n'est pas un Maître, — mais seulement une forme vide et flexible, prête à se modeler sur n'importe quel contenu, un homme *impersonnalisé* — « rien pour une femme, soit dit entre parenthèses », conclut ironiquement Nietzsche.

Tout aussi impuissants, mais pour une autre cause, sont les sceptiques de toutes nuances. Les hommes de science sont des travailleurs, des instruments plus ou moins parfaits, les sceptiques sont des tempéraments affaiblis par une culture excessive, des âmes qui n'ont plus l'énergie de vouloir, — des décadents par conséquent. Il y a d'ailleurs des variétés innombrables de sceptiques, depuis le vaniteux médiocre, le cabotin de la pensée qui cherche à se draper dans l'attitude avantageuse et « distinguée » du dilettante, jusqu'à l'âme douloureuse qui a voulu déchiffrer le mystère de l'univers, et qui, au cours de ses pérégrinations à travers tous les domaines de l'esprit, s'est flétrie, usée, élimée, atténuée, jusqu'à n'être plus qu'une ombre vaine et sans consistance. Zarathustra aussi, le prophète du Surhomme, traîne derrière lui une de ces pauvres ombres errantes, qui l'a accompagné dans toutes ses aventures intellectuelles, qui, à sa suite, a abjuré toutes les croyances consolantes, brisé toutes les idoles, perdu la foi dans les grands noms et les grands mots, et qui, finalement, a perdu de vue le but, et erre, sans amour, sans désir, sans patrie à travers l'univers désolé et muet. Pour elle le prophète, si dur à l'ordinaire trouve des accents de douloureuse pitié.

« Tu es mon ombre, » dit-il avec tristesse.

« Le péril que tu cours n'est pas petit, ô libre esprit, ô voyageur ! Tu as eu une journée mauvaise ; prends garde que le soir ne soit pire encore pour toi !

« À des volages, comme toi, une prison même finit par sembler un bien. Vis-tu jamais comme dorment des malfaiteurs enfermés ? Ils dorment tranquillement, ils jouissent de leur nouvelle sécurité.

« Prends bien garde qu'en fin de compte tu ne deviennes le prisonnier d'une croyance étroite, d'une illusion dure et rigoureuse ! Pour toi désormais tout ce qui est étroit et solide est une tentation, une séduction.

« Tu as perdu le but !... Et ainsi — tu as aussi perdu ton chemin !

« Pauvre âme errante, voltigeante, papillon fatigué !... »

Mais la science ne produit pas seulement des « objectifs » et des sceptiques elle a aussi ses hommes de foi. Elle ne se contente pas toujours de constater des faits et de dire : que sais-je ? Elle entend aussi parfois exprimer des volontés, proclamer une table des valeurs. Mais comment s'y prend-elle dans ce cas ?

« Dans toute philosophie, dit Nietzsche, il vient un moment où la conviction du philosophe parait sur la scène, où pour parler la langue d'un vieux mystère :

adventavit asinus
pulcher et fortissimus »

En d'autres termes : tout philosophe prétend nous présenter son système comme une construction purement logique, comme une œuvre de pure *raison*. Or c'est là une illusion. La vie consciente, chez tout homme, a ses racines dans sa vie inconsciente ; son désir de connaître la vérité, si désintéressé qu'il semble, fonctionne en réalité au profit et sous l'inspiration d'un autre instinct plus puissant et plus caché. Dans le système le plus impersonnel et le plus géométrique en apparence se cache une profession de foi ; les théories d'un philosophe sont ses confessions, ses mémoires. Il est, en réalité, non un pur intellectuel, mais un avocat retors, qui plaide la cause de ses préjugés — de ses préjugés moraux, le plus souvent ; — il est même un avocat peu consciencieux qui, moins honnête que le prêtre, essaie de faire passer ses « croyances » pour des « vérités » rationnellement établies. Or ces « croyances » qui sont au fond de tous les systèmes de philosophie, qui forment en quelque sorte leur principe de vie — ces croyances sont tout simplement empruntées à l'idéal ascétique. Le prêtre et le philosophe sont, le plus souvent sans le savoir, non des ennemis mais des alliés.

Voici par exemple Kant, le père de la philosophie allemande. Kant n'est pour Nietzsche qu'un chrétien à peine déguisé. Il constate, en effet, que toute son œuvre philosophique tend à mettre hors de la portée des attaques de la raison deux des erreurs les plus dangereuses de l'humanité : la notion d'un *monde réel* ou monde des noumènes opposé au *monde des apparences*, des phénomènes, — et la foi dans la valeur absolue de la loi morale, de l'impératif catégorique. Or ces deux notions ne sont autre chose, au fond, que la traduction métaphysique des dogmes essentiels du christianisme.

Qu'est-ce en effet, d'abord, que la croyance en un monde réel distinct du monde des apparences ! C'est tout simplement l'équivalent philosophique de cette notion fondamentale de toute théologie : Dieu est la cause première de l'univers que perçoivent les sens et la vraie vie de l'homme est la vie en Dieu. Dans le cerveau des métaphysiciens l'idée vivante du Dieu bon, du Dieu des souffrants, s'est subtilisée, sublimée, décolorée ; ils l'ont métamorphosé en une immense araignée qui tisse le monde de sa propre substance ; ils en ont fait l'*idéal*, le *pur esprit*, l'*absolu*, la *chose en soi*. Or cette *chose en soi*, ce *monde réel* c'est, tout simplement le pur néant, c'est une illusion dont Nietzsche conte en ces tenues la disparition progressive :

Comment le « Monde vrai » devint enfin une fable.

HISTOIRE D'UNE ERREUR

1. Le vrai monde accessible au Sage, au Pieux, au Vertueux, il vit en lui, il *est* ce monde.

(La plus ancienne forme de cette idée, — relativement ingénieuse, simple, convaincante. — Paraphrase de cet axiome : Moi, Platon, je suis la vérité.)

2. Le vrai monde inaccessible, quant à présent, mais promis au Sage, au Pieux, au Vertueux (« au pécheur qui se repent »)

(Progrès de l'idée : elle devient plus fine, plus captieuse, plus incompréhensible, — elle se fait *femme*, elle se fait chrétienne).

3. Le vrai monde, inaccessible, indémontrable, problématique, mais qui, conçu seulement par la pensée, est une consolation, une obligation, un impératif.

(L'antique soleil toujours au fond du tableau, mais vu à travers les brouillards du criticisme ; l'idée devenue subtile, pâle, septentrionale, « Kœnigsbergienne ».)

4. Le vrai monde, inaccessible ? En tout cas jamais atteint. Et parce que jamais atteint, *inconnu* aussi. Partant, il n'apporte ni consolation, ni rédemption, ni obligation ; à quoi pourrait, en effet, nous obliger quelque chose d'inconnu ?...

(Aube matinale. Premier bâillement de la raison. Chant du coq du positivisme.)

5. Le « vrai monde », — une idée qui ne sert de rien, qui ne crée même pas une obligation — une idée inutile et devenue superflue : *partant*, une idée réfutée : supprimons-la.

(Grand jour. Déjeuner ; retour du bon sens et de la gaieté ; rougeur éperdue de Platon ; sabbat de tous les libres esprits.)

6. Nous avons supprimé le « vrai monde » : quel monde reste-t-il ? Serait-ce le monde des apparences ? Mais non ! En même temps que le vrai monde, nous avons supprimé le monde des apparences.

(Midi, instant de l'ombre la plus courte ; fin de la plus longue erreur ; apogée de l'humanité ; INCIPIT ZARATHUSTRA.)

Le dieu des chrétiens était — nous venons de le voir — le dieu de tout ce qui souffre, de tout ce qui s'incline vers la mort. Au lieu d'incarner, comme les dieux païens, la joyeuse acceptation de l'existence, la volonté de puissance qui dit « oui » à tout ce qu'apporte la vie, il personnifiait tout ce qui, dans le cœur de l'homme dégénéré, est rancune contre la vie réelle, espoir d'un chimérique au-delà. Le « vrai monde » des métaphysiciens lui est au fond tout pareil : il n'est qu'un mot vide de tout contenu réel. Le Dieu chrétien était le symbole d'une négation, celui des philosophes est un pur néant.

De même, la volonté qui tend vers ce Dieu n'est autre chose, si l'on y prend bien garde, que l'aspiration vers le néant. Aujourd'hui encore les plus avancés parmi les philosophes, ceux qui se croient émancipés de toute religion, de tout préjugé ont toujours encore une foi intransigeante dans la vérité. Tous ces sceptiques, tous ces « objectifs », tous ces agnostiques qui s'abstiennent stoïquement de toute hypothèse indémontrable, qui s'en tiennent à la constatation du petit l'ait pour échapper à la généralisation hâtive et aux erreurs qu'elle entraine, qui s'interdisent de dire « oui » et « non » sur toutes les questions où peut planer un doute — tous ces bons esprits ces « Consciencieux de l'Esprit » qui représentent l'élite intellectuelle et morale de l'humanité, sont au fond des ascètes. Analysons en effet leur croyance. La volonté d'atteindre à tout prix la vérité peut s'interpréter de deux façons différentes ; elle peut signifier : « Je veux à tout prix ne pas *être trompé*, » ou bien : « Je ne veux à aucun prix *tromper*, ni les autres, ni moi-même, » Or la première interprétation est invraisemblable. L'homme pourrait fort bien tendre à la vérité par prudence et par peur s'il constatait que la vérité est essentiellement bienfaisante. Or il n'en est pas ainsi. S'il est une « vérité » qui commence à s'imposer peu à peu aux esprits éclairés c'est que l'illusion est au moins aussi bienfaisante, aussi nécessaire à l'humanité que « la vérité ». Pour Nietzsche, l'illusion, le mensonge est peut-être la condition essentielle de la vie. « La fausseté d'un jugement, dit-il, n'est pas, pour nous, une objection contre ce jugement : c'est sur ce point peut-être que notre langue à nous sonne le plus étrangement aux oreilles modernes. La question, pour nous, est celle-ci : dans quelle mesure est-il utile à la conservation ou au développement de la vie, à la conservation ou au perfectionnement de l'espèce. Et nous inclinons en principe à affirmer que les jugements les plus faux (les jugements synthétiques à priori sont de ce nombre) sont pour nous les plus indispensables ; que si l'humanité se refusait à admettre les fictions de la logique, à mesurer la réalité à l'aide du monde purement fictif de l'inconditionné, de l'absolu, à fausser perpétuellement la vie au moyen du nombre, elle ne pourrait pas vivre ; que renoncer aux jugements faux serait renoncer à la vie, serait la négation de la vie. » Mais si le mensonge peut être bienfaisant et la vérité néfaste — et c'est bien là aussi ce que sent l'amant moderne de la vérité à *tout prix* — l'homme de science n'aspire clone pas à la vérité par intérêt ou par peur, mais parce qu'il ne vent à aucun prix tromper, ni lui, ni les autres.

En son âme et conscience il accorde donc à la vérité un tel prix que tout, même le bonheur, même l'existence de l'humanité doit lui être subordonné. Il a foi dans la vérité comme dans une valeur absolue, métaphysique. Disons plus simplement qu'il appelle « vérité » ce que le chrétien appelle « Dieu ». Et Nietzsche conclut : « Il n'y a pas de doute l'homme *véridique*, — véridique au sens extrême et périlleux que suppose la foi dans la science — *affirme par là sa foi en un autre monde* que celui de la vie, de la nature, de l'histoire ; et du moment où il affirme cet « autre monde », eh bien ! que pourra-t-il faire de son contraire, de ce monde, de *notre monde*, — sinon le nier ?... Mais on comprend bien où je veux en venir : à ceci, que c'est toujours une *croyance métaphysique*, sur laquelle est fondée notre foi dans la science, que nous aussi les penseurs d'aujourd'hui, les athées, les anti-métaphysiciens, nous aussi nous empruntons le feu qui nous anime à cet incendie qu'une croyance plusieurs lois millénaire a allumé, à cette foi chrétienne qui fut aussi la foi de Platon que Dieu est la vérité et que la vérité est divine.... » L'apôtre moderne de la vérité n'a pas osé révoquer en doute les deux valeurs suprêmes de notre vieille table des valeurs. Il n'a pas osé se demander : « Quelle est la valeur de la vérité ? » ou ce qui revient au même : « Quelle est la valeur de l'impératif catégorique de la morale qui nous commande de poursuivre la vérité ? » Il s'est arrêté au seuil du problème formidable de la Vérité et de la Morale ; il ne s'est pas dit : Pourquoi l'homme devrait-il *à tout prix* vouloir connaître cette Nature que nous eu! revoyons, aujourd'hui, comme une puissance éternellement aveugle et inintelligente, souverainement indifférente au bien et au mal, magnifiquement féconde, enfantant sans cesse de nouvelles existences pour les sacrifier, impassible, à ses combinaisons vides de sens... Pourquoi l'homme, en effet, devrait-il tout immoler à une pareille divinité ? Vue sous cet angle, la passion de la vérité apparaît à Nietzsche comme la forme moderne de cette cruauté ascétique qui, de tout temps, a poussé l'homme à sacrifier à son Dieu ce qu'il avait de plus précieux. Jadis l'homme offrait à la divinité des victimes humaines, le sacrifice du premier né. Plus tard, à l'époque chrétienne, l'ascète lui sacrifia tous ses instincts naturels. « Enfin : que resta-t-il à sacrifier ? Ne finit-on point par immoler à Dieu tout ce qui console, sanctifie, guérit, tout espoir, toute foi en une harmonie cachée, en une béatitude et en une justice future ? Ne dût-on point immoler Dieu lui-même, et, par cruauté envers soi, adorer la pierre, l'inintelligence, la pesanteur, le destin, le Néant ? Sacrifier Dieu au Néant — il était réservé à la génération qui parvient aujourd'hui à maturité de se hausser jusqu'à ce mystère paradoxal d'ultime cruauté. Nous en savons tous quelque chose.... » — Ainsi l'apôtre de la connaissance, le « Consciencieux de l'esprit » qui ne se cantonne pas dans le scepticisme, mais qui croit à la vérité, qui a le courage de poser un idéal, d'affirmer sa foi en une valeur suprême intellectuelle et morale est au fond un ascète qui renie l'existence humaine pour je ne sais quel au-delà, un pessimiste qui se détourne de la Vie, puisqu'il refuse de se prêter à l'illusion, au mensonge nécessaire à toute vie — un nihiliste qui, comme le chrétien, cherche, en réalité, à pousser l'humanité dans le gouffre de la mort.

B - Le Surhomme, ou la partie positive du système de Nietzsche

I

L'Europe moderne est, selon Nietzsche, profondément malade. Partout apparaissent des symptômes de décadence indéniable. Il semble qu'une accablante fatigue se soit abattue sur l'homme d'aujourd'hui, et qu'après avoir accompli le chemin immense qui mène du ver de terre au singe et du singe à l'homme, il cherche à l'heure présente la stabilité et le repos soit dans l'ignoble médiocrité, soit dans la mort. Ici le démocrate égalitaire veut faire de lui une bête de troupeau laide et méprisable ; ailleurs le prêtre chrétien, le philosophe, le moraliste veulent le détacher de la terre et lui montrent un au-delà chimérique auquel il doit sacrifier sa vie. L'État démocratique est une forme dégénérée de l'État ; la religion de la souffrance humaine est une morale de malades, l'art wagnérien qui triomphe à l'heure présente un art de décadence. La corruption et le pessimisme se montrent à tous les degrés de la culture moderne, même aux plus élevés. Les exemplaires d'humanité supérieure à qui Zarathustra offre l'hospitalité dans sa grotte sont tous, sans exception, des décadents, des malvenus qui souffrent d'être ce qu'ils sont, qui étouffent de dégoût en face du spectacle de l'homme moderne et qui se méprisent eux-mêmes. Voici d'abord le devin pessimiste qui aperçoit partout des symptômes de mort et qui enseigne : « Tout est vanité, rien ne sert de rien, inutile de chercher, il n'y a plus d'îles bienheureuses ! » Puis viennent les deux rois qui ont quitté leur royauté parce que, n'étant pas les premiers d'entre les hommes, ils ne veulent pas non plus commander aux autres. Plus loin c'est le « Consciencieux de l'esprit », le savant « objectif », qui consacre sa vie à l'étude du cerveau de la sangsue ; c'est le « vieux Magicien », l'éternel comédien, qui joue tous les rôles et trompe tous les hommes, mais ne peut plus s'abuser lui-même et cherche, le cœur rongé de tristesse et de dégoût, un génie authentique ; c'est le « dernier des Papes », qui ne peut pas se consoler de la mort de Dieu ; c'est « le plus hideux des Hommes », le meurtrier de Dieu, — car Dieu est mort étouffé par la pitié, pour avoir contemplé la laideur et la misère humaines ; — c'est le « Mendiant volontaire » qui par dégoût de l'homme civilisé à l'excès cherche auprès des vaches qui ruminent paisiblement en leur coin de pré le secret du bonheur ; c'est enfin l' « Ombre », le sceptique, qui, à force de parcourir tous les domaines de la pensée, s'est perdu lui-même et erre désormais sans but à travers l'univers. Tous ces représentants de la plus haute culture européenne souffrent d'un mal profond ; ils se glissent à travers la vie, inquiets, sombres, décontenancés, comme le tigre qui a manqué son bond ou le joueur qui a amené un mauvais coup de dés. Le « peuple » et tout ce que le peuple appelle « bonheur » les écœure. Et voici que, d'autre part, toutes les valeurs supérieures que l'humanité révérait jadis sous les noms de « Dieu », « Vérité », « Devoir » se sont évanouies pour eux. Les satisfactions matérielles ne sauraient plus les contenter ; et ils ne croient plus à l'idéal. L'humanité va-t-elle donc s'arrêter dans sa marche, se détacher de la vie, aspirer au néant ?

Non, enseigne Nietzsche, la décadence ne conduit pas nécessairement au néant, elle peut être la condition préalable d'une vie nouvelle, d'une santé supérieure. Sans doute il n'est pas possible de revenir en arrière, de ramener l'humanité à ce qu'elle était aux époques antérieures : « il faut aller toujours en avant, je veux dire : aller pas à pas toujours plus loin dans la décadence ». Mais de même qu'à l'automne les feuilles jaunissent et tombent pour reverdir au printemps, de même il est possible que la décadence actuelle soit le prélude d'une régénération, que l'humanité donne naissance en expirant à une forme dévie supérieure. À ce point de vue il est peut-être permis, selon Nietzsche, de considérer les mots de « décadence », de « décomposition », de « corruption », comme des termes injustement méprisants pour désigner l'automne d'une civilisation. L'humanité grosse d'un monde nouveau souffre des douleurs de l'enfantement. C'est pourquoi aussi Zarathustra ne prétend apporter aucun soulagement à la misère des « hommes supérieurs » ; il sait en effet que l'homme doit souffrir toujours davantage pour escalader des cimes plus élevées. La douleur intime des hommes supérieurs, leur dégoût de la multitude et d'eux-mêmes est nécessaire pour les stimuler, les pousser plus loin et plus haut. S'ils sont eux-mêmes des exemplaires d'humanité défectueux, qu'importe : plus une chose est d'essence précieuse, plus elle est rare, et plus il faut aussi de déchets pour obtenir un exemplaire de tout point réussi. L'homme supérieur est comme un vase où se prépare l'avenir de l'humanité ; en lui fermentent, bouillonnent, travaillent obscurément tous les germes qui s'épanouiront un jour à la lumière du soleil ; et plus d'un de ces vases précieux se fêle ou se brise... Mais qu'importe ! Si tel individu est mal venu, l'humanité est-elle pour cela mal venue ? Et si l'humanité elle-même est mal venue, qu'importe encore ! L'homme, suivant la célèbre comparaison de Nietzsche, est une corde tendue entre l'animal et le Surhomme, il n'est pas un *but* mais un *pont*, un *passage*. Périsse donc l'homme pour que le Surhomme vive.

« *Je vous enseigne le Surhomme*, dit Zarathustra au peuple assemblé. L'homme est quelque chose qui doit être dépassé. Qu'avez-vous fait pour le dépasser ?

Tous les êtres ont jusqu'ici créé quelque chose de plus haut qu'eux-mêmes, et vous voudriez être le reflux de cette immense marée, et plutôt revenir à la bête que dépasser l'homme.

Qu'est-ce que le singe pour l'homme ? Un objet de risée ou de honte et de douleur. Et c'est là aussi ce que l'homme doit être pour le Surhomme : un objet de risée et de honte et de douleur.

Voyez, je vous enseigne le Surhomme.

Le Surhomme est la raison d'être de la terre. Votre volonté dira : Que le Surhomme *soit* la raison d'être de la terre. »

II

Qu'est-ce que le Surhomme et comment l'homme pourra-t-il lui donner naissance ?

On peut définir le Surhomme : l'état auquel atteindra l'homme lorsqu'il aura renoncé à la hiérarchie actuelle des valeurs, à l'idéal chrétien, démocratique ou ascétique qui a cours aujourd'hui dans toute l'Europe moderne, pour revenir à la table des valeurs admise parmi les races nobles, parmi les

Maîtres qui *créent* eux-mêmes les valeurs qu'ils reconnaissent au lieu de les recevoir du dehors. Bien entendu il ne s'agit nullement de revenir en arrière, de faire renaître après des siècles de civilisation, la « bête aux cheveux blonds » des temps primitifs. L'homme ne doit perdre aucune des connaissances, des aptitudes, des forces nouvelles qu'il a acquises au cours de ses longues et douloureuses expériences, mais il doit briser les vieilles tables des lois qui le gênent aujourd'hui dans sa marche en avant et les remplacer par des commandements nouveaux.

L'homme donnera naissance au Surhomme par autosuppression (*Selbstaufhebung*) pour nous servir d'une expression souvent employée par Nietzsche. Ce passage de l'homme au Surhomme peut se comparer dans une certaine mesure à l'évolution qui engendre l'ascète d'après Schopenhauer. Pour le grand pessimiste, la douleur peut conduire d'abord l'homme à renoncer à sa volonté *individuelle*, au suicide par conséquent. Mais cela ne suffit pas pour l'affranchir : il faut, pour être sauvé, qu'il renonce, non pas seulement à la forme individuelle de la vie qui lui est échue en partage, mais au vouloir-vivre en *général ;* l'apaisement suprême est à ce prix. Dans l'idée de Nietzsche, c'est aussi la douleur qui est l'aiguillon puissant qui mène l'homme au salut. L'homme souffre d'abord de ce qu'il est comme individu, il connaît le dégoût intense et douloureux de lui-même, et ce dégoût le pousse vers l'ascétisme et le pessimisme ; c'est là l'état d'âme des « hommes supérieurs » que Zarathustra réunit dans sa caverne. Mais, leur dit le prophète, « vous ne souffrez pas encore assez à mon gré ! Car vous souffrez de ce que vous êtes, vous n'avez pas encore souffert de ce qu'est l'homme, *ihr leidet an euch, ihr littet noch nicht am Menschen* ». C'est seulement quand il aura atteint ce degré suprême de douleur et de dégoût que l'homme puisera dans l'excès même de sa souffrance l'énergie nécessaire pour franchir le dernier pas, pour s'anéantir lui-même en donnant naissance au Surhomme. Le pessimisme arrivé à son plus haut point engendrera l'optimisme triomphant.

Voyons maintenant en quoi, selon Nietzsche, le Surhomme différera de l'Homme actuel.

L'un des caractères qui distinguent le plus profondément la morale du Surhomme de la morale admise en général aujourd'hui, c'est que l'une s'adresse à *tous* les hommes sans distinction, tandis que l'autre doit, par son essence même, demeurer l'apanage d'un petit nombre d'esprits supérieurs. L'Europe contemporaine, nous l'avons vu, est résolument démocratique et croit à l'égalité naturelle des hommes. Nietzsche au contraire croit à l'inégalité nécessaire des hommes et veut une société aristocratique, divisée en castes bien définies, ayant chacune leurs privilèges, leurs droits, leurs devoirs. La caste inférieure est celle des petites gens, des médiocres, de tous ceux qui ont pour vocation naturelle d'être d'un rouage de la grande machine sociale. Non seulement l'agriculture, le commerce, l'industrie, mais aussi la science et l'art veulent des ouvriers qui trouvent leur satisfaction à s'acquitter en conscience d'une tâche spéciale pour laquelle ils seront bien dressés, qui se contentent modestement d'obéir, de travailler avec discipline à l'œuvre commune. Ce sont évidemment des esclaves, si l'on veut, des « exploités », puisqu'ils entretiennent à leurs dépens les castes supérieures et qu'ils leur doivent obéissance ; aussi les privations et les souffrances ne peuvent pas leur être épargnées, car la réalité est dure et mauvaise. Mais dans un État bien réglé ces médiocres doivent avoir une existence relativement plus sûre, plus tranquille, et surtout *plus heureuse* que leurs supérieurs : n'ayant pas de responsabilités, ils n'ont qu'à se laisser vivre. Pour eux, la foi religieuse est un inestimable bienfait : elle dore d'un rayon de soleil la misère de leur pauvre existence semi-animale, elle leur enseigne l'humble contentement de soi, la paix du cœur, elle anoblit pour eux la dure nécessité de subir la volonté d'autrui, elle leur donne l'illusion bienfaisante qu'il y a un ordre universel des choses et qu'eux-mêmes ont leur place marquée, leur fonction utile dans cet ordre des choses. « Pour vous, la croyance et l'esclavage ! » telle est la part que leur fait Zarathustra dans sa société idéale. — Au-dessus d'eux vient la caste des dirigeants, des gardiens de la loi, des défenseurs de l'ordre, des guerriers ; à leur tête est le roi, leur chef suprême à tous. Ils exercent la partie matérielle en quelque sorte du pouvoir, ils sont le rouage intermédiaire qui transmet à la foule des esclaves la volonté des véritables dominateurs. — La première caste enfin, celle des Maîtres, des sages, des « créateurs de valeurs » donne l'impulsion à tout l'organisme social, et doit jouer sur la terre, parmi les hommes, le rôle que tient Dieu dans l'univers tel que le conçoivent les chrétiens. C'est pour les Maîtres, et pour eux seuls, qu'est faite la morale du Surhomme.

Cette morale ne se distingue pas seulement de la morale traditionnelle en ce qu'elle est une loi aristocratique *for the happy few ;* elle la contredit tout aussi radicalement en ce qu'elle est foncièrement *anti-idéaliste*. L'homme vertueux selon la morale chrétienne ou ascétique est en effet celui qui conforme sa vie à un idéal, qui sacrifie ses penchants « égoïstes » au culte du Vrai ou du Bien.

Le sage selon Nietzsche est au contraire essentiellement un créateur de valeurs, c'est là sa grande tâche. Rien, en effet, dans la nature n'a de valeur *en soi* ; le monde de la réalité est une matière indifférente qui n'a d'autre intérêt que celui que nous lui donnons. Le vrai philosophe est donc l'homme dont la personnalité est assez puissante pour créer « *le monde qui intéresse les hommes* ». Il est le poète génial dans l'âme duquel se formule la table des valeurs à laquelle croient les hommes d'une époque donnée et qui détermine par conséquent tous leurs actes. Il est un « contemplatif », mais sa vision n'est autre chose que la loi suprême qui met en branle des générations entières ; et tous les hauts faits des hommes d'action ne sont que la traduction visible et concrète de sa pensée. Il crée en toute liberté, en toute indépendance, insoucieux du bien et du mal, de la vérité et de l'erreur ; il crée *sa* vérité, il crée *sa* morale, Il est un « expérimentateur » (*Versucher*) intrépide qui cherche sans cesse des formes d'existence nouvelles, et qui, au cours de ses redoutables expériences, risque sans trembler, sa vie, son bonheur ainsi que la vie et le bonheur de toutes les créatures inférieures qu'il entraine à sa suite. Il est un joueur audacieux et sublime qui joue avec le Hasard une partie formidable, dont l'enjeu est la vie ou la mort.

Le sage, selon Nietzsche, n'est donc pas un pacifique ; il ne promet pas aux hommes la paix et la tranquille jouissance des fruits de leur travail. Mais il les exhorte à la guerre ; il fait luire à leurs yeux l'espoir de la victoire.

« Vous chercherez votre ennemi, dit Zarathustra, vous combattrez votre combat, vous lutterez pour votre pensée ! Et si votre pensée succombe, votre loyauté devra se réjouir de sa défaite !

« Vous aimerez la paix comme un moyen de guerres nouvelles. Et la courte paix mieux que la longue.

« Je ne vous conseille pas le travail. Je ne vous conseille pas la paix, mais la victoire. Que votre travail soit un combat, votre paix une victoire !...

« Une bonne cause, dites-vous sanctifie même la guerre. Mais moi je vous dis : c'est la bonne guerre qui sanctifie toute cause...

« Vous ne devez avoir pour ennemis que des adversaires haïssables, mais non point des adversaires méprisables. Vous devez être fiers de votre ennemi : alors les succès de votre ennemi seront aussi vos succès. »

La guerre, la lutte ouverte de forces rivales et contraires, est en effet, selon Nietzsche, l'instrument le plus puissant du progrès. Elle montre où est la force, où est la faiblesse, où est la santé physique et morale, où est la maladie. Elle constitue une de ces « expériences » dangereuses qu'institue le sage pour faire progresser la vie, pour éprouver la valeur d'une idée, d'une pensée au point de vue du développement de la vie. La guerre est donc bienfaisante, bonne en elle-même ; aussi Nietzsche prédit-il sans trouble et sans regrets que l'Europe va entrer dans une période de grandes guerres où les nations lutteront entre elles pour l'hégémonie du monde.

Tandis que l'ancienne table des valeurs plaçait la pitié au premier rang des valeurs, Zarathustra enseigne au contraire que la volonté est la plus haute vertu : « Voici la nouvelle loi, ô mes frères, que je promulgue pour vous : *Devenez durs !* » — Il faut en effet que le créateur soit dur, dur comme le diamant, dur comme le ciseau du sculpteur, s'il veut modeler à son gré le bloc informe du hasard, s'il a l'ambition d'instituer des valeurs nouvelles, de marquer à son empreinte des générations entières, de pétrir la volonté même de l'humanité future, et d'y inscrire, comme en des tables d'airain sa volonté à lui. La pitié est, pour lui, non pas une vertu, mais une suprême tentation et le plus terrible de tous les dangers. Le « dernier péché » de Zarathustra, le plus redoutable de tous les assauts qu'il doit subir, c'est celui de la pitié. Du haut de sa caverne solitaire il entend retentir dans le fond de sa vallée l'appel désespéré des « hommes supérieurs » qui l'implorent, qui lui crient « Viens ! viens ! viens ! il est temps, il est grand temps! » S'il a pitié de leurs misères, si son cœur s'attendrit à la vue de leurs souffrances, c'en est fait de lui : il est vaincu. Et il a besoin de toute son énergie pour ne pas succomber à la tentation. Tandis qu'il parcourt son domaine à la recherche des désespérés qui l'appellent, il pénètre dans un lieu désolé comme le royaume de la mort. « Là se dressaient des pointes de rochers noirs et rouges ; pas une herbe, pas un astre, pas un chant d'oiseaux. C'était une vallée que tous les animaux fuyaient, même les bêtes de proie ; seuls des serpents horribles, gros et verts, y venaient, quand ils devenaient vieux, pour y mourir. C'est pourquoi les pâtres nommaient cette vallée : la Mort-des-Serpents. » Dans ce lieu funèbre, il aperçoit soudain, vautrée au bord du chemin, une forme innommable, hideuse, à peine humaine. Et au moment où, rougissant de honte d'avoir vu de ses yeux le spectacle d'une telle monstruosité, il se dispose à quitter au plus vite ce lieu maudit, une voix s'élève vers lui, semblable au hoquet d'un agonisant, ou à l'eau qui gargouille la nuit dans une conduite bouchée : « Zarathustra ! Zarathustra ! Devine mon énigme ! Parle, parle ! Qu'est-ce que la vengeance contre le témoin ?... Dis-moi donc qui je suis ! » — Et soudain accablé par une immense pitié, Zarathustra s'affaisse, tel un chêne qui a longtemps résisté à la cognée des bûcherons et qui tout d'un coup s'écroule lourdement, effrayant par sa chute ceux-là mêmes qui voulaient l'abattre. — Mais bientôt il se relève et sa figure s'empreint de dureté :

« Je te reconnais, dit-il d'une voix d'airain : tu es le meurtrier de Dieu ! Laisse-moi passer mon chemin.

Tu n'as pas supporté celui qui te voyait, qui te voyait constamment, dans toute ton horreur, toi le plus hideux des hommes ! Et tu as tiré vengeance de ce témoin. »

Zarathustra est sorti vainqueur de l'épreuve où Dieu a péri. Le Dieu d'amour est mort, étouffé par la pitié, pour avoir vu toutes les tares, toutes les laideurs les plus cachées de l'humanité ; sa pitié ne connaissait pas de pudeur ; il a fouillé les recoins les plus obscurs, les plus immondes de l'âme humaine ; et c'est pourquoi il est mort, car l'homme ne pouvait supporter un tel témoin de son ignominie. Zarathustra, lui, a senti la rougeur de la honte lui monter au front ; devant le spectacle horrible de la misère humaine il a baissé les yeux, il a voulu continuer sa route, sachant qu'il y a plus de noblesse et de vraie grandeur à poursuivre sa voie qu'à gâcher inutilement sa vie et à se perdre soi-même en secourant une infortune à qui nul ne peut porter remède. Et, ce faisant, il a non seulement détourné de lui la mort, mais il s'est concilié aussi l'amour de l'Homme le plus hideux : il a en effet, par son silence et son abstention « respecté » la grande infortune, la grande laideur qui s'offrait à sa vue ; il lui a épargné sa pitié. L'Homme le plus hideux qui haïssait Dieu et les miséricordieux, s'incline volontiers devant la « dureté » de Zarathustra et accepte de devenir son hôte.

Le sage, selon Nietzsche, doit donc être dur, pour lui comme pour les autres. Il renonce, quant à lui, à toute espèce de bien-être, de quiétude, de paix. Il sait en effet que l'humanité n'évolue pas vers un but déterminé et fixe mais que tout est dans un perpétuel devenir, et que la vie est « ce qui doit toujours se dépasser soi-même; » il sait donc aussi que l'individu ne peut jamais se flatter d'être arrivé au port, que toute paix est pour lui « le moyen d'une guerre nouvelle » et que sa vie doit être une suite ininterrompue d'aventures toujours plus périlleuses. Il ne cherche donc pas le bonheur, mais seulement l'émotion du jeu ; et s'il abat un beau coup de dés, il se demande aussitôt : « Est-ce que je jouerais avec des dés pipés ? » Il n'ignore pas que la joie et la douleur vont toujours de pair. L'homme peut traverser la vie sans grand plaisir et sans grande douleur, dans un état d'âme voisin de l'indifférence, mais c'est à condition de réduire au minimum sa vitalité. Celui qui veut connaître les grandes joies doit aussi fatalement connaître les grandes douleurs ; toute oscillation dans un sens est compensée par une oscillation dans l'autre. Le « créateur de valeurs » qui a foi dans la vie, qui veut la vie aussi intense, aussi puissante que possible, veut donc aussi les oscillations les plus amples autour du point d'équilibre ; il veut connaître les sommets extrêmes du bonheur et du malheur, les plus enivrantes victoires comme les plus terribles défaites ; il doit « marcher au-devant de sa suprême douleur et de sa suprême espérance tout à la fois», tendre en même temps au triomphe et à l'anéantissement. Zarathustra meurt en atteignant le point culminant de son existence. Le Surhomme est à la fois la victoire suprême et aussi la fin de l'homme.

De même que le sage doit être dur pour lui et ne reculer devant aucune souffrance, de même il doit aussi savoir être dur pour les autres. Il y a des infortunes qu'il est inhumain de soulager ; il y a des malvenus, des dégénérés dont il ne faut pas retarder la fin. « Partout, dit Zarathustra, retentit la voix de ceux qui prêchent la mort, et la terre est pleine de gens à qui la mort doit être prêchée — ou bien « la vie éternelle » peu m'importe — pourvu qu'ils s'en aillent bien vite. » Aux pessimistes, aux découragés, aux mélancoliques, aux miséricordieux, aux ascètes de toute sorte qui vont partout disant : « La vie n'est que souffrance », le sage doit répondre : « Faites donc en sorte de mettre fin à une vie qui n'est que souffrance ! Et que votre loi morale soit : « Tu dois te tuer toi-même ! Tu dois t'évader spontanément de la vie ! » Il ne faut pas que la terre devienne un lazareth peuplé de malades et de découragés, où l'homme sain périsse de dégoût et de pitié. Pour épargner aux générations futures le spectacle déprimant de la misère et de la laideur, laissons mourir ce qui est mûr pour la mort, ayons le courage de ne pas retenir ceux qui tombent mais de les pousser encore pour qu'ils tombent plus vite. Le sage doit donc savoir supporter la vue de la souffrance d'autrui ; bien plus, il doit *faire souffrir* sans se laisser dominer par la pitié, tout comme le chirurgien manie d'une main ferme et sûre son bistouri sans se laisser troubler par l'idée des tortures où se débat le patient. C'est là ce qui demande le plus de véritable grandeur d'âme. « Qui atteindra quelque chose de grand, dit Nietzsche, s'il ne se sent pas la force et la volonté d'*infliger* de grandes souffrances ? Savoir souffrir est peu de chose : de faibles femmes, même des esclaves passent maîtres en cet art. Mais ne pas succomber aux assauts de la détresse intime et du doute troublant quand on inflige une grande douleur et qu'on entend le cri de cette douleur — voilà qui est grand, voilà qui est une condition de toute grandeur. »

Enfin le sage doit montrer, dans toutes les aventures de la vie, la sérénité du beau joueur, l'innocence joyeuse de l'enfant qui s'amuse, la grâce souriante du danseur. Dans la parabole des *Trois métamorphoses de l'Esprit*, Zarathustra enseigne que l'âme humaine doit d'abord être semblable au chameau qui se charge docilement des fardeaux les plus lourds : elle endure patiemment les pires épreuves, elle se soumet volontairement aux plus rudes disciplines pour amasser un lourd bagage d'expérience. Ensuite elle doit se faire semblable au lion qui dit « Je veux » et terrasse sous sa griffe quiconque menace sa liberté ; elle doit vaincre le grand dragon de la Loi qui, sur chacune de ses écailles d'or, porte écrit en lettres flamboyantes « Tu dois », et s'affranchir violemment du joug de l'idéal, du vrai, du bien, qui lui semblait jadis si doux à porter. Enfin, pour devenir féconde et créer des valeurs nouvelles après avoir détruit les valeurs anciennes, il faut qu'elle devienne semblable à l'enfant qui joue : « L'enfant est innocence et oubli, il est un recommencement, un jeu, une roue qui tourne d'elle-même, une première impulsion, un « oui » sacré ». Ainsi l'âme humaine qui veut s'élever aux plus hauts sommets de la sagesse doit apprendre à jouer, à s'ébattre joyeusement en toute innocence. Elle doit se faire légère et insouciante, vaincre le démon de la pesanteur sous toutes ses formes, renoncer au pessimisme et à la mélancolie, aux allures solennelles, aux attitudes tragiques, au sérieux renfrogné, à la raideur intransigeante : « Malheur à ceux qui rient ! » disait l'ancienne Loi ; or, c'est là, selon Zarathustra, le pire des blasphèmes. Le sage doit au contraire apprendre le rire divin : il doit s'approcher de son but, non point à pas lents et comme à regret, mais en « dansant » et en « volant ». C'est en sachant rire qu'il pourra se consoler de ses échecs, en sachant danser et voler qu'il franchira joyeusement, semblable aux tourbillons du vent d'orage, les noirs marais de la mélancolie. Il faut que l'homme apprenne à « danser par delà lui-même », à « rire par delà lui-même » ; en d'autres termes à s'élever au-dessus de lui-même, à se dépasser lui-même sur les ailes du rire et de la danse. C'est là le conseil suprême de la sagesse de Zarathustra.

« Cette couronne du rire, cette couronne de roses, moi-même je l'ai posé sur ma tête ; moi-même j'ai sanctifié mon rire joyeux.

« Cette couronne du rire, cette couronne de roses : à vous, ô mes frères, je vous la jette. J'ai sanctifié le rire : hommes supérieurs, apprenez à rire. »

III

« Celui qui, comme moi, s'est efforcé, poussé par je ne sais quelle énigmatique curiosité à penser l'hypothèse pessimiste jusque dans ses conséquences les plus profondes... s'est peut-être du même coup, et sans l'avoir voulu, ouvert les yeux pour l'idéal inverse : l'idéal de l'homme souverainement joyeux, vivant, heureux de vivre, qui n'a pas appris seulement à se résigner, à supporter le passé et le présent, mais qui veut encore revivre le passé et le présent — tel qu'il fut, tel qu'il est — et cela éternellement, qui crie sans se lasser *da capo*, non seulement à sa propre vie mais à toute la comédie universelle tout entière — et non pas seulement à une comédie, mais en réalité, à l'Être qui veut cette comédie — et qui la rend nécessaire : et cela parce qu'il se veut toujours à nouveau lui-même — et se rend ainsi nécessaire — Eh quoi ? Ne serait-ce pas là — *circulus vitiosus deus* ? Ce fut au mois d'août 1881 à Sils Maria que jaillit comme un éclair dans le cerveau de Nietzsche cette hypothèse du « Retour éternel » qui est la base et aussi le couronnement de la philosophie du Surhomme. Elle peut se résumer ainsi : La somme des forces qui constituent l'univers paraît être *constante* et *déterminée*. Nous ne pouvons, en effet, supposer raisonnablement qu'elle décroisse ; car si elle diminuait, si peu que ce fût, elle aurait actuellement déjà disparu, puisqu'un temps infini s'est déjà écoulé avant le moment présent. Nous ne pouvons pas davantage concevoir qu'elle puisse grandir indéfiniment : pour croître à la manière d'un organisme, par exemple, il lui faudrait se nourrir, et se nourrir de manière à produire un excédent de force ; or d'où pourrait provenir cette nourriture, ce principe d'accroissement ? — supposer une progression indéfinie des forces de l'univers, ce serait croire à un miracle perpétuel. Reste donc l'hypothèse d'une somme de forces constante et déterminée — non infinie par conséquent. Supposons maintenant ces forces réagissant les unes sur les autres absolument au hasard, en vertu du pur jeu des combinaisons, une combinaison engendrant nécessairement la combinaison suivante ; que va-t-il se produire dans l'éternité du temps ? Tout d'abord, nous sommes obligés d'admettre que ces forces n'ont jamais atteint la position d'équilibre et qu'elles ne l'atteindront jamais. Si cette combinaison — qui n'a évidemment rien d'impossible en soi — pouvait se produire un jour, elle se serait déjà produite, puisqu'un temps infini s'est déjà écoulé avant le moment présent — et le monde serait immobile à tout jamais, car il est impossible de concevoir comment l'équilibre parfait, une fois atteint, viendrait à se rompre. Nous sommes donc en face de ce fait qu'une somme de forces constante et déterminée produit dans l'infini du temps une suite ininterrompue de combinaisons. Or, puisque le temps est *infini* et que la somme totale des forces est *déterminée*, il viendra nécessairement un moment où — si grande qu'on suppose cette somme de forces et si colossal qu'on imagine le nombre des combinaisons qu'elle peut engendrer, — le jeu naturel et inintelligent des possibilités ramènera une combinaison déjà réalisée. Mais cette combinaison entraînera à sa suite, en vertu du déterminisme universel, la série totale des combinaisons déjà produites. En sorte que l'évolution universelle ramène indéfiniment les mêmes phases et parcourt éternellement un cercle immense. Chaque vie particulière n'est qu'un fragment imperceptible du cycle total : tout individu a donc déjà vécu un nombre infini de fois la même vie et la revivra éternellement à nouveau. « Tous les états que ce monde peut atteindre, il les a déjà atteints, et non pas seulement une fois, mais un nombre infini de fois. Il en est ainsi de ce moment : il *était* déjà une fois, beaucoup de fois et de même il reviendra, toutes les forces étant réparties exactement comme aujourd'hui ; et il en est de même du moment qui a engendré celui-ci et du moment auquel il a donné naissance. Homme ! Toute ta vie, comme un sablier, sera toujours à nouveau retournée et s'écoulera toujours à nouveau, — chacune de ces existences n'étant séparée de l'autre que par la grande minute de temps nécessaire pour que toutes les conditions qui t'ont fait naître se reproduisent dans le cycle universel. Et alors tu retrouveras chaque douleur et chaque joie, et chaque ami et chaque ennemi, et chaque espoir et chaque erreur et chaque brin d'herbe et chaque rayon de soleil, et toute l'ordonnance de toutes choses. Ce cycle dont tu es un grain, brille à nouveau. Et dans chaque cycle de l'existence humaine, il y a toujours une heure où chez un individu d'abord, puis chez beaucoup, puis chez tous, s'élève la pensée la plus puissante, celle du Retour éternel de toutes choses — et c'est chaque fois pour l'humanité l'heure de midi. »

Cette hypothèse sur l'évolution universelle inspira à Nietzsche, du jour où elle apparut sur l'horizon de sa pensée, un sentiment d'immense enthousiasme auquel se mêlait une indicible horreur. Tout d'abord il la garda pour lui. Une exposition générale de sa doctrine nouvelle, le *Retour éternel*, qui avait été esquissée dès l'été de 1881 resta inachevée. Dans un aphorisme de *Gaie science*, pour la première fois, Nietzsche émit publiquement l'idée d'un Retour éternel comme une sorte de paradoxe inquiétant. Il suppose qu'un démon vienne formuler cette hypothèse, en une heure solitaire, à l'oreille du penseur. « Ne te jetterais-tu pas contre terre, conclut-il, ne grincerais-tu pas des dents et ne maudirais-tu pas le démon qui t'aurais parlé ainsi ? Ou bien as-tu vécu la minute ineffable où tu pourrais lui répondre : « tu es un dieu et je n'ai jamais ouï parole plus divine ! » Si cette pensée prenait possession de toi, — tel que tu es, elle te transformerait et peut-être t'écraserait. Cette question posée à tout instant de ta vie : « veux-tu cela encore une fois, éternellement ? » pèserait d'un poids formidable sur toute ton activité ! Ou alors combien il te faudrait aimer et toi-même et la vie, pour ne plus souhaiter autre chose que cette suprême et éternelle consécration et confirmation? » — Nietzsche à cette époque, songeait à consacrer dix ans de sa vie à étudier l'histoire naturelle à Vienne ou à Paris, à tâcher de donner à son hypothèse une base scientifique, et, après des années de silence, à rentrer en scène comme prophète du Retour éternel. — Il ne tarda pas d'ailleurs à renoncer à ce projet pour diverses raisons, dont la principale était qu'un examen superficiel du problème au point de vue scientifique lui révéla aussitôt l'impossibilité de démontrer sa doctrine du Retour en se fondant comme il pensait le faire sur la théorie atomique.

Mais son hypothèse, indémontrée et indémontrable, resta néanmoins le point central de sa pensée. Le Retour éternel est la grande idée que Zarathustra apporte aux hommes en termes voilés et avec une sorte d'horreur sacrée.

On comprend aisément, en effet, l'angoisse terrible qui dut étreindre l'âme de Nietzsche le jour où il crut au Retour éternel, où il eut calculé la portée entière de cette hypothèse. Il n'est guère possible d'imaginer une solution plus désespérante au premier abord du problème de l'existence. Le monde ne signifie rien : il est l'œuvre de la fatalité aveugle ; il résulte du jeu mathématique et vide de sens des forces qui se combinent entre elles, réalisant au hasard un certain nombre de groupements possibles ; l'évolution universelle ne conduit nulle part, mais se poursuit indéfiniment en tournant sans cesse dans le même cercle ; et cette vie que nous menons aujourd'hui nous la recommencerons éternellement sans espoir de changement ; et chaque minute de tristesse, de douleur ou de dégoût nous la revivrons identique, un nombre infini de fois. — Imagine-t-on l'effet qu'une pareille révélation peut produire sur les dégénérés, les malades, les pessimistes, sur tous ceux chez qui la somme des douleurs l'emporte *réellement* sur la somme des joies ? Chez la plupart des hommes, il est vrai, une idée comme celle du

Retour éternel reste, même si elle n'est pas rejetée *a priori*, parfaitement inoffensive, parce qu'elle demeure purement abstraite et intellectuelle, parce que notre imagination n'est pas assez puissante pour la *réaliser*, parce que les notions que conçoit notre intelligence n'affectent en général que peu ou point notre sensibilité. Mais Nietzsche, lui, « vivait » ses théories : il philosophait avec son être tout entier ; et l'on conçoit très bien dès lors que le Retour éternel lui soit apparu, à certaines heures, comme un de ces cauchemars monstrueux qui vous glacent le sang dans les veines et arrêtent les battements de votre cœur. Sa « dureté » pour les malheureux et les déshérités de la vie apparaît maintenant sous un jour tout autre. Comme on comprend à présent qu'il se soit écrié, en songeant à eux : Qu'ils meurent bien vite, qu'ils se tuent — ou qu'on les tue, ces infortunés — avant qu'ils aient pu mesurer toute la profondeur de l'abîme de douleurs où ils sont plongés, qu'ils aient pu concevoir la destinée monstrueuse qui les condamne à traîner éternellement leur croix sans rédemption possible ! — Et l'on comprend aussi qu'il ait pu se demander si l'humanité, dans son ensemble, était capable de *s'assimiler* cette doctrine sans sombrer aussitôt dans un vertige de désespoir et d'horreur, qu'il ait considéré la pensée du Retour éternel comme une sorte de pierre de touche au contact de laquelle viendraient s'anéantir tous ceux dont la vitalité n'était pas assez puissante pour supporter la révélation d'une pareille vérité.

Il faut en effet une singulière force d'âme, une rare énergie vitale pour supporter sans effroi l'idée du Retour éternel. Celui-là seul y parvient qui a une personnalité assez puissante pour pouvoir dire : si la vie n'a pas de sens par elle-même, je sais lui en donner un. Je suis une parcelle de cette nature qui se veut elle-même toujours à nouveau, qui parcourt sans se lasser, éternellement, le même cycle. Je me hausserai donc jusqu'à jouir en artiste de la splendeur incomparable de la vie féconde, comme du plus magnifique de tous les spectacles. Je m'intéresserai à ce jeu merveilleux de combinaisons qui a déjà produit tant de belles et bonnes choses, qui a donné naissance à l'Homme et qui, peut-être, produira le Surhomme. Je souhaiterai de toute la force de mon âme que le hasard aveugle réalise un jour, par delà l'Homme, quelque réussite miraculeuse, éblouissante. Je vivrai du moins dans cet espoir, et toute mon existence sera dirigée par cette unique pensée : je veux que le cercle dans lequel se meut éternellement la vie soit un diadème aussi resplendissant, aussi merveilleux que possible ; je jouerai donc avec joie et en pleine conscience ma vie, dans l'espérance que mon coup de dés amènera un beau résultat, et si je perds je me consolerai à l'idée qu'un autre du moins amène ou amènera le beau coup que je rêvais et qu'ainsi la splendeur de la vie ne sera pas diminuée. — Ébloui par cette vision, enivré, enfiévré par cette partie formidable qu'il joue avec le hasard, l'homme apprendra à regarder toutes ses défaites, toutes ses tristesses et toutes ses misères, comme la rançon nécessaire de ses victoires et de ses joies, comme l'aiguillon qui le pousse à tendre toujours plus avant, toujours plus haut, à se dépasser lui-même, à essayer de réaliser des combinaisons supérieures. Alors, faisant la somme de son existence, il trouvera aussi que le total de ses joies l'emporte sur le total de ses douleurs et il acceptera, le cœur débordant d'enthousiasme, l'idée de revivre éternellement ce qu'il a vécu.

C'est à cette conclusion qu'arrivent des « hommes supérieurs » que Zarathustra a réunis dans sa caverne. Lorsqu'il leur a exposé sa nouvelle table des valeurs et montré la vraie beauté, la vraie grandeur de la vie, lorsqu'il les a guéris de leur pessimisme et qu'il a allégé leurs âmes prêtes à succomber sous le poids du dégoût ou de tristesse, il les réunit, à la nuit tombante, devant sa grotte, sous la voûte constellée du ciel.

« Et ils se tenaient silencieux l'un près de l'autre — tous étaient vieux, mais leur cœur était consolé et plein de vaillance, et chacun s'étonnait, à part soi, qu'il fit si bon sur la terre. Et le silence de la nuit mystérieuse parlait toujours plus distinctement à leur cœur... Alors se passa la chose la plus prodigieuse de ce long jour si riche en prodiges : l'Homme le plus hideux se mit encore une fois et pour la dernière fois à souffler et à gargouiller et quand il parvint à proférer des mots — voici qu'une question jaillit, ronde et pure, de ses lèvres, une bonne et profonde et claire question — et tous ceux qui l'écoutaient sentirent leur cœur tressaillir dans leur poitrine.

Ô vous tous, mes amis, dit l'Homme le plus hideux, que vous en semble ? — Pour l'amour de ce jour — je suis, moi, pour la première fois heureux d'avoir vécu la vie.

Et ce n'est pas encore assez de rendre ce témoignage. Il est bon de vivre sur la terre : un seul jour, une seule fête avec Zarathustra m'a appris à aimer la terre.

« Est-ce là, la Vie ? » dirai-je à la Mort. « Eh bien alors — encore une fois ! »

Mes amis que vous en semble ? Ne voulez-vous pas comme moi dire à la Mort : « Est-ce là, la vie ? Pour l'amour de Zarathustra, alors, — encore une fois ! »

Zarathustra a donc réussi : l'Homme le plus hideux, le monstre abject dont la haine avait tué

Dieu, le représentant de toutes les misères, de toutes les défaites, de toutes les laideurs de l'humanité a perçu la beauté de la vie, compris que la souffrance est la rançon nécessaire de tout bonheur et dit « oui » à l'existence... Tandis que le prophète, entouré de ses disciples, goûte la suprême ivresse de cette heure de triomphe, une vieille cloche, de sa voix grave, sonne lentement minuit ; — minuit, l'heure solennelle où se rencontrent le jour qui finit et le jour qui va naître, où la mort tend la main à la vie, minuit, l'heure du plus grand silence, où l'âme recueillie s'ouvre aux intuitions les plus profondes et déchiffre les mystères les plus cachés.

www.ingramcontent.com/pod-product-compliance
Lightning Source LLC
Chambersburg PA
CBHW051806040426
42446CB00007B/541